有限责任公司章程设计实务指引

赵颖　严涛　等　编著

法律出版社 LAW PRESS · CHINA
北京

图书在版编目（CIP）数据

有限责任公司章程设计实务指引 / 赵颖等编著. -- 北京：法律出版社, 2025. -- ISBN 978-7-5244-0077-6

Ⅰ. D922.291.914

中国国家版本馆 CIP 数据核字第 20259AB764 号

有限责任公司章程设计实务指引
YOUXIAN ZEREN GONGSI ZHANGCHENG SHEJI SHIWU ZHIYIN

赵颖　严涛 等　编著

策划编辑 张　珺
责任编辑 张　珺
装帧设计 汪奇峰

出版发行 法律出版社
编辑统筹 法商出版分社
责任校对 晁明慧
责任印制 胡晓雅
经　　销 新华书店

开本 710 毫米×1000 毫米　1/16
印张 20.75　**字数** 247 千
版本 2025 年 4 月第 1 版
印次 2025 年 4 月第 1 次印刷
印刷 北京盛通印刷股份有限公司

地址:北京市丰台区莲花池西里 7 号(100073)
网址:www.lawpress.com.cn
投稿邮箱:info@lawpress.com.cn
举报盗版邮箱:jbwq@lawpress.com.cn

销售电话:010-83938349
客服电话:010-83938350
咨询电话:010-63939796

书号:ISBN 978-7-5244-0077-6　**定价**:80.00 元

凡购买本社图书,如有印装错误,我社负责退换。电话:010-83938349

北京市律师协会第十二届公司法专业委员会组织编写

编委会成员

主　　编	赵　颖	严　涛		
副 主 编	罗联军	刘　桐	王银银	范新梅
	范锦秀	杨　慧	郭子龙	杜　宇
编委会成员	杜国平	关孟斌	管　静	兰如天
	李　凡	苗　宇	吴圣奎	原森泰
	赵松梅	左　晖	张继志	韩　岱
	景海竞	孟　勐	张　辛	丁灿平
	韩君恒	刘鹏飞	李　毅	佟杉杉
	谢吉锐	张晓粉		

序　言

2024 年 7 月 1 日是《中华人民共和国公司法》（以下简称《公司法》）修订的生效日。此次《公司法》修订涉及的法条多，对立法、执法、司法和法律服务实践影响十分深远。

第十二届北京市律师协会履职以来，公司法专业委员会由来自北京市百余家律所的 148 位委员组成，具有很强的代表性。结合《公司法》修订，本届公司法专业委员会克服了时间紧、任务重等困难，周密部署，集全委员会之力，在年内起草编撰了《有限责任公司章程设计实务指引》。

该指引包含了 10 章 74 个条文，涵盖了有限责任公司章程内容的方方面面。其不仅是对《公司法》修订内容的介绍和宣传，更是给律师为有限责任公司客户制定和修订公司章程的业务提供了指导。

对于资深律师而言，该指引是梳理和学习《公司法》新修订对有限责任公司章程影响的好教材；对于青年律师而言，该指引是开展公司章程制定和修订业务的明确指导；对于公司律师而言，根据该指引的内容，可以对照本公司现有的公司章程，着手进行修订。

律师团体是最贴近法律实践的群体之一，撰写和发布《有限责任公司章程设计实务指引》是贯彻“从实践中来，到实践中去”精神最好的诠释。在全行业、全社会发布和出版《有限责任公司章程设计实务指引》，有利于引领北京市律师行业《公司法》修订领域的研究，有利于实践经验的积累，有利于在全社会宣传《公司法》修订的内容，有利于指导有限责任公司的管理和提升公司内部治理能力。此次《有限责任公司章程设计实务指引》顺利编撰和发布，离不开撰写团队夜以继日的辛勤工作，离不开协会领导和秘书处领导的亲切关怀，更离不开司法局领导和行业党委的坚强领导！

目前，北京市律师协会是拥有56000余名律师会员，3500余家律所会员，19个专门委员会及46个专业委员会的律师自律性组织，公司法专业委员会便是46个专业委员会之一。北京律师协会一直致力于北京律师法律服务实践经验的积累、研究、总结和分享。

我祝贺《有限责任公司章程设计实务指引》的付梓出版！预祝公司法专业委员会再接再厉，在新的一年，更进一步，更好地服务律师同仁，为行业贡献更多的实务研究成果！

是为序！

北京市律师协会副会长

2024年12月28日

编写说明

随着市场经济的发展和公司制度的不断完善，公司章程作为公司组织与活动的基本规则，其重要性日益凸显。《中华人民共和国公司法》（以下简称《公司法》）已由第十四届全国人民代表大会常务委员会第七次会议于 2023 年 12 月 29 日修订通过，并自 2024 年 7 月 1 日起正式施行。现行《公司法》删除了 2018 年《公司法》中的 16 个条文，新增和修改了 228 个条文，其中实质性修改 112 个条文。许多公司在运营过程中发现，原有的公司章程很多条文已经不符合现行《公司法》的规定，亦无法完全适应当前和未来发展的需要。因此，对公司章程进行修订成为一项必要的工作。为了帮助有限责任公司更好地理解和适用现行《公司法》并顺利开展章程制定及修订工作，我们编写了《有限责任公司章程设计实务指引》一书。

本书旨在为有限责任公司、公司管理层、法务人员以及从事公司法务工作的律师、顾问等专业人士提供一份全面、实用的章程制定指南，帮助读者了解章程制定的法律依据、程序要求、重点内容以及实际操作中的注意事项。通过本书的指导，相关人员可以更加高效、规范地完成章程制定及修订工作，提升公司治理水平，保障公司、股东、职工、债权人权益，促进公司健康合规发展。在本书撰写过程中，编写团队首先对国内涉及章程制定的法律法规、政策文件、学术研究成果、法律文献、网络资料及各类案例进行了广泛而全面地收集与整理，掌握了丰富的写作素材。对这些素材进行的系统分类与梳理为后续的编写工作奠定了坚实的基础。在此基础上，编写团队根据章程制定的实际流程与逻辑顺序，精心设计了本书的整体框架结构，并对各章节内容进行了详细规划，明确了每个章节的主题、重点内容以及与其他章节之间的逻辑关系，确保全书内容层次分明、条理清晰、重点突出，形成了一个完整的、系统的章程实务指引体系。之后，按照章节规划，编写团队成员分工协作进行各章节内容的撰写工作。在撰写过程中，每位作者都充分发挥自身的专业优势，结合丰富的实践经验，对相关内容进行了深入分析，并用通俗易懂的语言将复杂的法律概念和实务操作要点阐明，使本书既具有可读性，又具有较高的实用性。完成初稿撰写后，编写团队组织了多次内部审核统稿会议，对书稿内容逐章逐节进行审核与讨论。在统稿过程中，重点关注内容的准确性、完整性、逻辑性以及与法律法规政策规定的一致性等各方面问题，并对发现的问题及时进行修改与完善，以确保书稿质量。经过多轮修改与完善，书稿最终定稿。在编辑出版过程中，编写团队又与出版社密切配合，顺利完成了编审校印等一系列工作。

本书分为以下部分：

编写说明：介绍公司章程的重要性、背景以及本书编写的目的和意义。

主要内容：对于有限责任公司的章程条款，按照现行《公司法》的有关规定，逐条提出建议，列明该条款的法律依据，与修改前的规定进行对比，提示修改涉及的问题及相关条款对实践的影响，并提供可参考的司法判例等，旨在通过案例，展示公司章程中的必要内容和注意事项，帮助读者更好地理解和使用本书。

附录：有限责任公司章程的模板及现行《公司法》文本，方便公司查阅和使用。

本书由第十二届北京市律师协会公司法专业委员会32名具有丰富公司法务实践经验的专家律师共同编写。他们在执业过程中积累了大量的实践经验和理论成果，能够从多个维度对章程制定的实务进行深入剖析和解读，保证了本书的专业性、权威性和实用性。

《有限责任公司章程设计实务指引》一书是为读者准确理解和适用现行《公司法》进行章程制定及修订工作所作。在此，我们期待各位读者对本书提出宝贵的意见和建议，帮助我们不断完善和更新本书的内容。

2025年1月

法律文件名称对照表

全称	简称
《中华人民共和国民法典》	《民法典》
《中华人民共和国公司法》（2023 年修订）	《公司法》
《中华人民共和国公司法》（2018 年修正）	《公司法》（2018 年）
《中华人民共和国公司法》（2013 年修正）	《公司法》（2013 年）
《中华人民共和国企业破产法》	《企业破产法》
《中华人民共和国刑法》	《刑法》
《中华人民共和国市场主体登记管理条例》	《市场主体登记管理条例》
《中华人民共和国市场主体登记管理条例实施细则》	《市场主体登记管理条例实施细则》
最高人民法院《关于适用〈中华人民共和国民法典〉合同编通则若干问题的解释》	《民法典合同编通则解释》
最高人民法院《关于适用〈中华人民共和国民事诉讼法〉的解释》	《民事诉讼法解释》
最高人民法院《关于适用〈中华人民共和国公司法〉若干问题的规定（三）》（2020 年修正）	《公司法解释（三）》
最高人民法院《关于适用〈中华人民共和国公司法〉若干问题的规定（四）》（2020 年修正）	《公司法解释（四）》
《中华人民共和国刑法修正案（十二）》	《刑法修正案（十二）》

续表

全称	简称
最高人民法院《关于适用〈中华人民共和国企业破产法〉若干问题的规定（二）》（2020 年修正）	《企业破产法规定（二）》
最高人民法院印发《〈全国法院破产审判工作会议纪要〉的通知》（法〔2018〕53 号）	《破产工作会议纪要》
最高人民法院《关于印发〈全国法院民商事审判工作会议纪要〉的通知》（法〔2019〕254 号）	《九民纪要》

CONTENTS 目 录

第一章 总 则

第二章 公司注册资本

第三章　股东权利与义务

第四章　法定代表人

第五章　公司组织机构

第七章　公司的财务、会计制度

第八章　公司合并、分立 、增资、减资

第九章　公司的解散和清算

第十章 附　　则

附　　录

第一章　总　则

第 1 条 | 章程制定的依据

建议条款

为规范公司的组织和行为，保护公司、股东、职工、债权人的合法权益，完善中国特色现代企业制度，弘扬企业家精神，维护社会经济秩序，促进社会主义市场经济的发展，依照《公司法》的有关规定，制定公司章程。

法律依据和修改对照

法律依据：《公司法》第 1 条。

修改对照：本条规定了公司法的立法目的，在《公司法》(2018 年）第 1 条的基础上，现行《公司法》将“职工”列为立法目的条款中的权益保护主体，新增了“完善中国特色现代企业制度，弘扬企业家精神”的立法目的，同时新增了“根据宪法”制定本法的规定。作为立法目的条款，本条明确了《公司法》的功能定位和价值取向，为具体条文的解释和适用提供了基础。

对实践的影响

《公司法》将立法“四大宗旨”增加为“六大宗旨”，增加了“完善中国特色现代企业制度”“弘扬企业家精神”两项内容。中共中央《关于进一步全面深化改革 推进中国式现代化的决定》指出：“完善中国特色现代企业制度，弘扬企业家精神，支持和引导各类企业提高资源要素利用效率和经营管理水平、履行社会责任，加快建设更多世界一流企业。”因此，公司章程中规定“完善中国特色现代企业制度，弘扬企业家精神”，彰显了公司营造依法保护本公司董监高合法权益的法治环境，营造公司鼓励创新、包容失败的企业文化和社会氛围。

例如，广东省高级人民法院（2021）粤刑再1号刑事判决认为：“当前，民营经济已经成长为推动我国经济发展不可或缺的力量和推进中国式现代化的生力军。但是，有些部门和地方因为认识偏差，在纠纷处理过程中有时未能给予民营企业平等对待。本案因国有企业与民营企业经济纠纷引发。再审法院坚持依法保护、平等保护和实事求是、有错必纠的原则，根据再审查明的事实，认为双方虽然存在经济纠纷，但被告人的行为没有触犯刑法，不构成犯罪，遂依法宣告被告人无罪。本案的再审改判，彰显了新时代人民法院全面落实公平竞争政策制度，坚持对各种所有制经济一视同仁、平等对待的坚定决心，着力营造公平公正、稳定可预期法治化营商环境，有利于民营企业家增强信心、轻装上阵、大胆发展。”

又如，四川省高级人民法院（2019）川刑再16号刑事判决认为：“稳定预期，弘扬企业家精神，安全是基本保障。本案因多个利益主体之间的经济纠纷引发，根据有关法律规定，当事人完全可以通过调解、和解或者民事诉讼的途径解决，不应追究相关人员的刑事责任。本案的原审法院未能准确把握处理涉产权经济纠纷的司法政策，错误地把一起经济纠纷当作犯罪处理，给企业家的人身和财产安全带来严重损害。本案再审改判赵某喜无罪，充分体现了人民法院贯彻‘坚决防止将经济纠纷当作犯罪处理、坚决防止将民事责任变为刑事责任’的责任担当，对于切实增强企业家人身及财产安全感，营造良好稳定的预期，促进民营经济发展壮大具有积极作用。”

第 2 条 | 章程适用范围

建议条款

公司章程自生效之日起，即成为规范公司组织与行为、公司与股东、股东与股东之间权利义务关系的具有约束力的文件。公司章程对公司、股东、董事、监事、高级管理人员具有约束力。

高级管理人员是指公司的经理、副经理、财务负责人，上市公司董事会秘书。

法律依据和修改对照

法律依据：《公司法》第5条。

修改对照：在《公司法》（2018年）第11条的基础上，现行《公司法》第5条将“设立公司必须依法制定公司章程”修改为“设立公司应当依法制定公司章程”。其他内容未作修改。

修改注意事项

1. 公司可以根据公司具体的职位设置情况在公司章程中增加或者调整高级管理人员范围。

2. “应当”和“必须”的区别，可以参照《民法典合同编通则解释》第18条“法律、行政法规的规定虽然有‘应当’、‘必须’或者‘不得’等表述，但是该规定旨在限制或者赋予民事权利，行为人违反该规定将构成无权处分、无权代理、越权代表等，或者导致合同相对人、第三人因此获得撤销权、解除权等民事权利的，人民法院应当依据法律、行政法规规定的关于违反该规定的民事法律后果认定合同效力”的规定进行界定。

对实践的影响

《公司法》第32条第1款规定了6项公司登记事项，即“公司登记事项包括：（一）名称；（二）住所；（三）注册资本；（四）经营范围；（五）法定代表人的姓名；（六）有限责任公司股东、股份有限公司发起人的姓名或者名称”，公司章程并不属于登记事项。《公司法》未规定公司备案制度，而《市场主体登记管理条例》第9条规定，公司章程属于市场主体应当向登记机关办理备案的事项。又依据2014年国务院颁布的《企业信息公示暂行条例》的规定，企业公示事项包括：注册登记、备案信息。对于公司信息公示的内容，《公司法》有不同的规定：（1）公司登记事项应当公示。第32条第2款规定：“公司登记机关应当将前款规定的公司登记事项通过国家企业信用信息公示系统向社会公示。”（2）其他应该公示的信息。第40条第1款规定：“公司应当按照规定通过国家企业信用信息公示系统公示下列事项：（一）有限责任公司股东认缴和实缴的出资额、出资方式和出资日期，股份有限公司发起人认购的股份数；（二）有限责任公司股东、股份有限公司发起人的股权、股份变更信息；（三）行政许可取得、变更、注销等信息；（四）法律、行政法规规定的其他信息。”

综上所述，公司章程属于公司备案信息且应该公示。《民法典》第504条规定：“法人的法定代表人或者非法人组织的负责人超越权限订立的合同，除相对人知道或者应当知道其超越权限外，该代表行为有效，订立的合同对法人或者非法人组织发生效力。”《民法典合同编通则解释》第20条规定：“法律、行政法规为限制法人的法定代表人或者非法人组织的负责人的代表权，规定合同所涉事项应当由法人、非法人组织的权力机构或者决策机构决议，或者应当由法人、非法人组织的执行机构决定，法定代表人、负责人未取得授权而以法人、非法人组织的名义订立合同，未尽到合理审查义务的相对人主张该合同对法人、非法人组织发生效力并由其承担违约责任的，人民法院不予支持，但是法人、非法人组织有过错的，可以参照民法典第一百五十七条的规定判决其承担相应的赔偿责任。相对人已尽到合理审查义务，构成表见代表的，人民法院应当依据民法典第五百零四条的规定处理。合同所涉事项未超越法律、行政法规规定的法定代表人或者负责人的代表权限，但是超越法人、非法人组织的章程或者权力机构等对代表权的限制，相对人主张该合同对法人、非法人组织发生效力并由其承担违约责任的，人民法院依法予以支持。但是，法人、非法人组织举证证明相对人知道或者应当知道该限制的除外。法人、非法人组织承担民事责任后，向有过错的法定代表人、负责人追偿因越权代表行为造成的损失的，人民法院依法予以支持。法律、司法解释对法定代表人、负责人的民事责任另有规定的，依照其规定。”《民法典合同编通则解释》第21条规定：“法人、非法人组织的工作人员就超越其职权范围的事项以法人、非法人组织的名义订立合同，相对人主张该合同对法人、非法人组织发生效力并由其承担违约责任的，人民法院不予支持。但是，法人、非法人组织有过错的，人民法院可以参照民法典第一百五十七条的规定判决其承担相应的赔偿责任。前述情形，构成表见代理的，人民法院应当依据民法典第一百七十二条的规定处理。合同所涉事项有下列情形之一的，人民法院应当认定法人、非法人组织的工作人员在订立合同时超越其职权范围：（一）依法应当由法人、非法人组织的权力机构或者决策机构决议的事项；（二）依法应当由法人、非法人组织的执行机构决定的事项；（三）依法应当由法定代表人、负责人代表法人、非法人组织实施的事项；（四）不属于通常情形下依其职权可以处理的事项。合同所涉事项未超越依据前款确定的职权范围，但是超越法人、非法人组织对工作人员职权范围的限制，相对人主张该合同对法人、非法人组织发生效力并由其承担违约责任的，人民法院应予支持。但是，法人、非法人组织举证证明相对人知道或者应当知道该限制的除外。法人、非法人组织承担民事责任后，向故意或者有重大过失的工作人员追偿的，人民法院依法予以支持。”

公司章程除对公司、股东、董事、监事、高级管理人员具有约束力外，还有对外效力，相对人应该在市场监督管理部门以及公示系统查询公司章程。

第 3 条 | 经营宗旨

建议条款

公司的经营宗旨：【　】。

第 4 条 | 经营范围

建议条款

公司的经营范围：【 】。

经营范围以市场监督管理机关核定并记载于企业法人营业执照上的为准。经营范围中属于法律、行政法规规定须经批准的项目，应当依法经过批准。

法律依据和修改对照

法律依据：《公司法》第9条。

修改对照：相比于《公司法》（2018年）第12条，《公司法》第9条未作修改。

修改注意事项

公司经营宗旨，是指企业经营的主要目的和意图，公司发展战略规划、目标等。例如，可以规定为“［经营宗旨］以经济效益为中心，以市场需求为导向，以科技进步为动力，以现代管理为依托，增强公司竞争能力，促进公司发展，为全体股东提供合理的投资回报”。

《市场主体登记管理条例》第14条规定：“市场主体的经营范围包括一般经营项目和许可经营项目。经营范围中属于在登记前依法须经批准的许可经营项目，市场主体应当在申请登记时提交有关批准文件。市场主体应当按照登记机关公布的经营项目分类标准办理经营范围登记。”

《市场主体登记管理条例实施细则》第 12 条规定：“申请人应当按照国家市场监督管理总局发布的经营范围规范目录，根据市场主体主要行业或者经营特征自主选择一般经营项目和许可经营项目，申请办理经营范围登记。”

《市场主体登记管理条例》第 26 条规定：“市场主体变更经营范围，属于依法须经批准的项目的，应当自批准之日起 30 日内申请变更登记。许可证或者批准文件被吊销、撤销或者有效期届满的，应当自许可证或者批准文件被吊销、撤销或者有效期届满之日起 30 日内向登记机关申请变更登记或者办理注销登记。”

对实践的影响

《民法典》第 505 条规定：“当事人超越经营范围订立的合同的效力，应当依照本法第一编第六章第三节和本编的有关规定确定，不得仅以超越经营范围确认合同无效。”《民法典》第 153 条第 1 款规定：“违反法律、行政法规的强制性规定的民事法律行为无效。但是，该强制性规定不导致该民事法律行为无效的除外。”

例如，北京金融法院（2021）京 74 民初 471 号民事判决认为：“本案中，北京某投资公司系未经中国人民银行批准的非金融机构，其超越私募基金业务的经营范围，违规进行发放借款、资金拆借行为，即向北京市通州区某投资有限公司进行名为股权投资实为借款的行为，违反了上述《银行业监督管理法》和《取缔办法》的强制性规定，故案涉《投资协议书》《债务确认及还款协议书》均属于无效合同。”

第 5 条 | 社会责任

建议条款

公司从事经营活动，应当充分考虑公司职工、消费者等利益相关者的利益以及生态环境保护等社会公共利益，承担社会责任。公司积极参与社会公益活动，及时公布社会责任报告。

法律依据和修改对照

法律依据：《公司法》第 20 条。

修改对照：相比于《公司法》（2018 年）第 5 条第 1 款，本条修改为单独成条，并新增了内容。

修改注意事项

公司在追求利益过程中，不仅为公司股东负责，还应当充分考虑公司职工、消费者等利益相关者的利益以及生态环境保护等社会公共利益，承担社会责任。

对实践的影响

企业在经营时，要充分承担社会责任。

例如，云南省昆明市西山区人民法院（2021）云 0112 刑初 752 号刑事判决（入库编号 2023－18－1－340－001；最高人民法院指导性案例第 215 号），裁判理由：“法院生效裁判认为：企业在生产经营过程中，应当承担合理利用资源、采取措施防治污染、履行保护环境的社会责任。被告单位闽某公司无视企业环境保护社会责任，违反国家法律规定，在无排污许可的前提下，未对生产废水进行有效处理并通过暗管直接排放，严重污染环境，符合《中华人民共和国刑法》第三百三十八条之规定，构成污染环境罪。被告人黄某海、李某城作为被告单位闽某公司直接负责的主管人员和直接责任人员，在单位犯罪中作用相当，亦应以污染环境罪追究其刑事责任。闽某公司擅自通过暗管将生产废水直接排入河道，造成高达10,815,021元的生态环境损害，并对下游金沙江生态流域功能也造成一定影响，其行为构成对环境公共利益的严重损害，不仅需要依法承担刑事责任，还应承担生态环境损害赔偿民事责任。”

又如，浙江省湖州市中级人民法院（2022）浙05刑初7号刑事判决（最高人民法院发布2022年度人民法院环境资源审判典型案例之一），典型意义：“本案系违规排放污水引发的刑事案件。环保公司作为环保治理企业，不仅未积极落实主体责任，反而使用‘COD去除剂’干扰环保自动监测结果，实际上污水处理未达标即向外环境排放，严重污染了环境，属于‘知法犯法’‘假治污、真排污’。人民法院坚持最严法治观、贯彻落实宽严相济刑事政策，依法追究环保公司及其直接负责的主管人员夏某频的刑事责任，体现了从严惩治环境污染犯罪的基本取向。”

第 6 条 | 公司名称

建议条款

公司名称：【　　　】

法律依据和修改对照

法律依据：《公司法》第6条、第7条。

修改对照：其一，《公司法》第6条相比于《公司法》（2018年）是关于公司名称及名称权内容的修订，属于新增条款；其二，《公司法》第7条相比于《公司法》（2018年）第8条，都要求公司名称中标明公司类型，除了将“必须”修改为“应当”，其他内容未作修改。

主要修改内容

公司享有名称权、名誉权和荣誉权。公司有权决定、使用、变更、转让或者许可他人使用自己的名称，但应遵守相关法律、法规等规定。

例如，《市场主体登记管理条例》第10条规定：“市场主体只能登记一个名称，经登记的市场主体名称受法律保护。市场主体名称由申请人依法自主申报。”

《企业名称登记管理规定》第4条规定：“企业只能登记一个企业名称，企业名称受法律保护。”第6条规定：“企业名称由行政区划名称、字号、行业或者经营特点、组织形式组成。跨省、自治区、直辖市经营的企业，其名称可以不含行政区划名称；跨行业综合经营的企业，其名称可以不含行业或者经营特点。”第13条规定：“企业分支机构名称应当冠以其所从属企业的名称，并缀以‘分公司’、‘分厂’、‘分店’等字词。境外企业分支机构还应当在名称中标明该企业的国籍及责任形式。”第14条规定：“企业集团名称应当与控股企业名称的行政区划名称、字号、行业或者经营特点一致。控股企业可以在其名称的组织形式之前使用‘集团’或者‘（集团）’字样。”

《市场主体登记管理条例实施细则》第34条规定：“市场主体变更名称，可以自主申报名称并在保留期届满前申请变更登记，也可以直接申请变更登记。”

修改注意事项

公司可根据实际情况选择适用，并应该关注《企业名称禁限用规则》（工商企注字〔2017〕133号）等相关规定。

对实践的影响

企业名称是企业重要的无形资产，尤其是受到公众认同的、享有知名度的企业，其名称已经成为享有知名度的商标。因此，企业要树立商标意识，保护属于企业的商标权益及相应的商誉等相关合法权利；同时应当注意企业名称的合规性，严格遵守《企业名称禁限用规则》中所禁止使用的企业名称的相关内容，以防止出现不合规情形受到相关处罚。

例如，最高人民法院（2008）民申字第758号民事裁定（入库编号2023-09-2-163-005）认为：“企业名称的简称源于语言交流的方便。企业简称的形成与两个过程有关：一是企业自身使用简称代替其正式名称；二是社会公众对于企业简称的认同，即认可企业简称与其正式名称所指代对象为同一企业。由于简称省去了正式名称中某些具有限定作用的要素，可能会不适当地扩大正式名称所指代的对象范围。因此，企业简称能否特指该企业，取决于该企业简称是否为相关公众所认可，并在相关公众中建立起与该企业的稳定的关联关系。对于具有一定市场知名度、为相关公众所熟知并已实际具有商号作用的企业或者企业名称的简称，可以视为企业名称。如果经过使用和公众认同，企业的特定简称已经为特定地域内的相关公众所认可，具有相应的市场知名度，与该企业建立起了稳定联系，已产生识别经营主体的商业标识意义，他人在后擅自使用该企业简称，足以使特定地域内的相关公众对在后使用者和在先企业之间发生市场主体上的混淆，在后使用者就会不恰当地利用在先企业的商誉，侵害在先企业的合法权益。具有此种情形的，应当将在先企业的特定简称视为企业名称，并根据《中华人民共和国反不正当竞争法》第五条第（三）项的规定加以保护。”

又如，河南省南阳市中级人民法院（2020）豫13民终4207号民事裁定认为：“法人名称具有专属性和特定含义，依据《中华人民共和国公司登记管理条例》第十一条‘公司名称应当符合国家有关规定。公司只能使用一个名称。经公司登记机关核准登记的公司名称受法律保护’之规定，上诉人一审期间提交的营业执照名称为‘唐河外贸祁仪经营处’，与上诉人名称并不一致，无法证明上诉人依法设立并存在，上诉人以‘唐河县某公司祁仪经营处’名称提起本案诉讼，但其提交的证据材料不足以证明其与本案具有利害关系，依据《中华人民共和国民事诉讼法》第一百一十九条第（一）项的规定，唐河县某公司祁仪经营处不具备提起本案诉讼的民事主体资格，原审裁定驳回起诉并无不当之处，应予以维持。”

第 7 条 | 公司住所

建议条款

公司住所：【公司住所地址全称，邮政编码】

法律依据和修改对照

法律依据：《公司法》第 8 条。

修改对照：相比于《公司法》（2018 年）第 10 条，《公司法》第 8 条未作修改。

修改注意事项

公司以其主要办事机构所在地为住所，并依法需要办理法人登记，应当将主要办事机构所在地依法登记为住所。公司登记住所时，应遵守法律、法规等规定。

例如，《市场主体登记管理条例》第 11 条规定：“市场主体只能登记一个住所或者主要经营场所。电子商务平台内的自然人经营者可以根据国家有关规定，将电子商务平台提供的网络经营场所作为经营场所。省、自治区、直辖市人民政府可以根据有关法律、行政法规的规定和本地区实际情况，自行或者授权下级人民政府对住所或者主要经营场所作出更加便利市场主体从事经营活动的具体规定。”第 27 条规定：“市场主体变更住所或者主要经营场所跨登记机关辖区的，应当在迁入新的住所或者主要经营场所前，向迁入地登记机关申请变更登记。迁出地登记机关无正当理由不得拒绝移交市场主体档案等相关材料。”

《市场主体登记管理条例实施细则》第 20 条第 2 款规定：“市场主体因通过登记的住所（主要经营场所、经营场所）无法取得联系被列入经营异常名录的，在申请办理其他变更登记时，应当依法及时申请办理住所（主要经营场所、经营场所）变更登记。”第 35 条规定：“市场主体变更住所（主要经营场所、经营场所），应当在迁入新住所（主要经营场所、经营场所）前向迁入地登记机关申请变更登记，并提交新的住所（主要经营场所、经营场所）使用相关文件。”

对实践的影响

企业的住所地应当在公司章程中明确，如有变更，应当及时在登记机关办理工商变更登记手续，防止出现纠纷时相对方无法送达相关函件及材料，以及更准确地确定管辖关系，避免因住所地不明产生不必要的纠纷。

例如，最高人民法院（2022）最高法民辖 52 号民事裁定（入库编号 2024－01－2－132－002）裁判要旨：“法人或者其他组织的住所地是指法人或者其他组织的主要办事机构所在地。公司登记机关登记的公司住所地发生变更的，应当在迁入新住所地前申请变更登记。在无证据证明公司主要办事机构所在地与其登记的住所地不同的情况下，应当根据登记的住所地确定案件管辖法院。”

又如，北京市第一中级人民法院（2022）京 01 民终 10522 号民事判决认为：“本案中，北京某工程公司自述其自 2005 年起即不在注册地址办公，且自 2005 年起多次更换主要办事机构所在地，但均未办理工商变更登记，在《中华人民共和国民法典》实施之后，其依然未将住所信息办理工商变更登记，依据《最高人民法院关于适用〈中华人民共和国民事诉讼法〉的解释（2022年修正)》第三条第二款关于法人的主要办事机构所在地不能确定的，法人的注册地或者登记地为住所地的规定，一审法院以北京某工程公司的登记注册地为其住所并对其进行直接送达及邮寄送达，并在直接送达以及邮寄送达不能的情形下进行公告送达，并无不当。北京某工程公司主张一审法院送达程序违法不能成立，本院不予采信。”

第 8 条 | 经营期限

建议条款 1

公司经营期限：永久存续。

建议条款 2

经营期限：公司的营业期限【　】年。在公司经营期限届满前【　】个月，经公司股东会决议通过，可以延长公司经营期限。

法律依据和修改对照

法律依据：《公司法》第 29 条第 1 款、第 33 条第 1 款、第 229 条。

修改对照：公司经营期限从公司登记开始计算。《公司法》

第 29 条第 1 款规定："设立公司，应当依法向公司登记机关申请设立登记。"第 33 条第 1 款规定，"公司营业执照签发日期为公司成立日期"，即公司经营期限的起始时间。

相比于《公司法》(2018 年) 第 180 条"公司因下列原因解散：(一) 公司章程规定的营业期限届满或者公司章程规定的其他解散事由出现；(二) 股东会或者股东大会决议解散；(三) 因公司合并或者分立需要解散；(四) 依法被吊销营业执照、责令关闭或者被撤销；(五) 人民法院依照本法第一百八十二条的规定予以解散"的规定，《公司法》第 229 条增加了"公司出现前款规定的解散事由，应当在十日内将解散事由通过国家企业信用信息公示系统予以公示"的规定。

修改注意事项

《民法典》第 78 条规定："依法设立的营利法人，由登记机关发给营利法人营业执照。营业执照签发日期为营利法人的成立日期。"

《市场主体登记管理条例》第 9 条规定："市场主体的下列事项应当向登记机关办理备案：……（二）经营期限或者合伙期限……"

股东会可通过修改公司章程延长公司的经营期限。修改公司章程，须经持有 2/3 以上表决权的股东通过。

对实践的影响

最高人民法院（2020）最高法民申 3910 号民事裁定认为："本案中，贵州某汽车检测公司的公司章程明确规定公司有效期为 2010 年 12 月 7 日至 2015 年 12 月 7 日。贵州某汽车检测公司在

2017年10月20日作出股东会决议将邹某星、李某豫的股权收回并变更给聂某恒、夏某英，将贵州某汽车检测公司的经营期限延长至2023年12月6日，并按该决议修改了公司章程，其后办理了新的营业执照将营业期限延长。本院认为，该股东会决议仅由聂某恒、夏某英做出，未经邹某星、李某豫同意处分二人的股权损害了二人的合法权益，且聂某恒、夏某英所持股权未达到贵州某汽车检测公司全部股权的三分之二，不符合原公司章程及《中华人民共和国公司法》关于修改公司章程的规定，故聂某恒、夏某英所作的延长贵州某汽车检测公司经营期限的决议无效。因在公司章程规定的营业期限届满后，公司股东未达成新的决议修改公司章程使公司继续存续，故贵州某汽车检测公司已到达法定的解散条件，二审法院确认贵州某汽车检测公司从营业期限届满之次日即2015年12月8日起解散并无不当。”

第 9 条 | 公司党组织

建议条款

公司根据中国共产党章程的规定，设立中国共产党的组织，开展党的活动。公司为党组织的活动提供必要条件。

法律依据和修改对照

法律依据：《公司法》第18条、第170条。

修改对照：《公司法》第18条相比于《公司法》（2018年）第19条，内容未作修改，增加了第170条。

主要修改内容

《公司法》第170条规定了在公司法层面直接、明确地确立党对国家出资公司的领导，规定了党“研究讨论公司重大经营管理事项”的法定权利。

修改注意事项

2017年4月，国务院办公厅出台《关于进一步完善国有企业法人治理结构的指导意见》，要求“明确国有企业党组织在法人治理结构中的法定地位，发挥国有企业党组织的领导核心和政治核心作用，保证党组织把方向、管大局、促落实”。

《中国共产党章程》第33条第2款、第3款规定：“国有企业党委（党组）发挥领导作用，把方向、管大局、保落实，依照规定讨论和决定企业重大事项。国有企业和集体企业中党的基层组织，围绕企业生产经营开展工作。保证监督党和国家的方针、政策在本企业的贯彻执行；支持股东会、董事会、监事会和经理（厂长）依法行使职权；全心全意依靠职工群众，支持职工代表大会开展工作；参与企业重大问题的决策；加强党组织的自身建设，领导思想政治工作、精神文明建设、统一战线工作和工会、共青团、妇女组织等群团组织。非公有制经济组织中党的基层组织，贯彻党的方针政策，引导和监督企业遵守国家的法律法规，领导工会、共青团等群团组织，团结凝聚职工群众，维护各方的合法权益，促进企业健康发展。”

第二章　公司注册资本

第 10 条 | 注册资本

建议条款

公司注册资本为人民币【　　】万元。

第 11 条 | 股东名称、出资额、出资比例

建议条款

公司的注册资本由全体股东【认缴/实缴】，股东认缴的出资额自公司成立之日起五年内缴足。

股东名称	认缴出资额/万元	实缴出资期限	出资方式	出资比例/%
合计（注册资本）				100

法律依据和修改对照

法律依据：《公司法》第 47 条。

修改对照：相比于《公司法》（2018 年）第 26 条，《公司法》第 47 条规定主要新增一款内容："全体股东认缴的出资额由

股东按照公司章程的规定自公司成立之日起五年内缴足。”

主要修改内容

对于公司章程内有关股东出资期限条款，需要在原有条款基础上增加“全体股东认缴的出资额由股东自公司成立之日起五年内缴足”。

修改注意事项

1. 对于新设公司

“全体股东认缴的出资额由股东自公司成立之日起五年内缴足”条款是《公司法》的新增条款；将原无限期认缴改为有限期认缴，故新设公司在公司章程中规定的股东的出资额应严格控制在自公司成立之日起5年内缴足。

公司注册资本金额的设定应当适当，否则公司无法清偿债务时，股东要以注册资本为限承担责任，设立时的其他股东与未按约出资的股东在出资不足的范围内承担连带责任。

2. 对于存量公司

《公司法》施行前设立的公司（即存量公司），先核查公司章程规定股东出资时间：

（1）公司股东认缴出资期限在2032年6月30日之前的，公司章程无须调整。

根据国务院《关于实施〈中华人民共和国公司法〉注册资本登记管理制度的规定》第2条的规定，对于股东认缴出资的出资期限设置3年过渡期（自2024年7月1日至2027年6月30日）。存量公司自2027年7月1日起剩余出资期限不足5年的（公司股东认缴的出资期限在2032年6月30日之前的），无须调整出资期限。

（2）存量公司剩余出资期限超过5年的（公司股东认缴的出资期限在2032年6月30日之后的），应当在过渡期内（2027年7月1日前）将剩余出资期限调整至5年内。

（3）特别需要注意：股东认缴出资期限虽然在2032年6月30日之前，但如果注册资本过高，5年内无法完成实缴出资的，应当尽快安排减资，避免到期未实缴或公司存在对外债务，股东在认缴范围内承担责任。

对实践的影响

1.《公司法》第47条部分解决了有限责任公司注册资本与责任财产在时间上严重错位的问题，降低了债权人的预期风险。对于存量有限公司而言，既可以选择修改公司章程，将认缴期限修改为2032年6月30日之前，也可以直接缴足认缴资本。而对于认缴资本过高须做调整的股东，则须先通过公司减资的程序降低认缴金额，其间通知债权人时须提前偿债或提供担保，再缩短认缴期限。

2. 到期未实缴，可能会导致股东失权。《公司法》第52条规定了股东认缴资本到期未实缴，董事会通知后仍未缴纳的，公司经董事会决议可以向该股东发出失权通知，自通知发出之日起，该股东丧失其未缴纳出资的股权。未按时出资的股东是否会失权，取决于董事会的判断。

3. 大幅缩减股东在认缴资本制下享有的期限利益问题，为债权人提供了更多的救济。《公司法》第54条放宽了未届期认缴出资加速到期的条件，“公司不能清偿到期债务的，公司或者已到期债权的债权人有权要求已认缴出资但未届出资期限的股东提前缴纳出资”。虽然目前对何谓“不能清偿到期债务”存在不同理解，但这并不影响股东享有的期限利益被缩减，只是缩减时间的长短问题。

第 12 条 ｜ 出资方式

建议条款

股东可以用货币出资，也可以用实物、知识产权、土地使用权、股权、债权等可以用货币估价并可以依法转让的非货币财产作价出资；但是，法律、行政法规规定不得作为出资的财产除外。

对作为出资的非货币财产应当评估作价，核实财产，并依法办理其财产权的转移手续。不得高估或者低估作价。法律、行政法规对评估作价有规定的，从其规定。

法律依据和修改对照

法律依据：《公司法》第 48 条。

修改对照：相比于《公司法》（2018 年）第 27 条，《公司法》第 48 条规定主要新增了两种出资方式：“股权”与“债权”。

主要修改内容

对于公司章程内有关股东出资的条款，需要在原有条款基础上增加上述有关“股权”与“债权”的出资方式，以及以这两种方式出资的条件与违反公司章程的责任。

修改注意事项

《市场主体登记管理条例》第 13 条规定："除法律、行政法规或者国务院决定另有规定外，市场主体的注册资本或者出资额实行认缴登记制，以人民币表示。出资方式应当符合法律、行政法规的规定。公司股东、非公司企业法人出资人、农民专业合作社（联合社）成员不得以劳务、信用、自然人姓名、商誉、特许经营权或者设定担保的财产等作价出资。"

《市场主体登记管理条例实施细则》第 13 条规定："申请人申请登记的市场主体注册资本（出资额）应当符合章程或者协议约定。市场主体注册资本（出资额）以人民币表示。外商投资企业的注册资本（出资额）可以用可自由兑换的货币表示。依法以境内公司股权或者债权出资的，应当权属清楚、权能完整，依法可以评估、转让，符合公司章程规定。"

1. 以股权出资的

（1）以股权出资的，应具备以下条件：

第一，合法持有；

第二，权属清晰：比如不存在代持行为及共有情况；

第三，权能完整：未被设立质押、未被依法冻结；

第四，依法可以转让，公司章程未限制股权转让；

第五，法律、行政法规或者国务院决定规定不得转让的其他情形。

（2）依法评估作价。应经具备评估资质的评估机构进行评估，如被发现价值显著低于公司章程所定价额的，应由出资人以货币形式补足出资。但如果是市场变化或者其他客观因素导致出资财产贬值的除外。

（3）履行股权出资的工商设立/变更手续。

2. 以债权出资的

《公司法》第 48 条第 1 款正式从公司法层面肯定了债权出资，而实务中债权出资主要分为股东对公司的债权和股东对第三人的债权两种形式。

目前司法实践中的主要争议集中在第二种，即以对第三人债权作为公司出资。前述争议存在的原因在于，实务中存在股东与第三人串通虚构“第三人债权”，以及“第三人债权”到期能否顺利实现的问题。故公司准备修改公司章程接受股东以债权出资时，应当谨慎。

（1）债权出资应符合以下条件：

第一，可以依法转让；

第二，合法有效存在，非法债权、超过诉讼时效的债权不得作为出资；

第三，用于出资的债权应当通知债务人；

第四，债权出资人应当对其出资提供相应的担保，声明保证在债务到期后不能有效受偿的情况下，由其补足出资或者以提供的担保物抵充出资。

（2）依法进行价值评估。

（3）依法办理相应的变更登记手续。

对实践的影响

股权、债权出资最大的问题是股东是否履行了股权出资义务，其出资股权、债权贬值范围内责任是否应由出资股东承担。例如，在浙江省高级人民法院（2022）浙民终 869 号民事判决中，法院结合《公司法解释（三）》第 15 条的规定给予了认定：

“胡某跃、胡某碧以其所持有的经过评估的股权出资，并完成了工商变更登记，已经完成了出资义务。该二人以上述股权出资数年之后，公司股权的价值因市场变化及客观因素而导致在经营中发生变化，其他股东或者公司债权人请求该出资人承担补足出资责任的，人民法院不予支持。但是，当事人另有约定的除外。本案中，胡某跃、胡某碧并没有此方面的承诺或约定，不能要求胡某跃、胡某碧在贬值范围内承担责任。”

故公司可在公司章程中设置以非货币出资的股东的补足责任条款。

第三章　股东权利与义务

第 13 条 | 出资证明书

建议条款

公司成立后，应当向股东签发出资证明书，记载下列事项：

（一）公司名称；

（二）公司成立日期；

（三）公司注册资本；

（四）股东的姓名或者名称、认缴和实缴的出资额、出资方式和出资日期；

（五）出资证明书的编号和核发日期。

出资证明书由法定代表人签名，并由公司盖章。

法律依据和修改对照

法律依据：《公司法》第 55 条。

修改对照：相比于《公司法》（2018）第 31 条，《公司法》第 55 条主要是将出资证明书中的“缴纳的出资额”和“股东的出资额”进行统一修改，明确区分为股东“认缴”和“实缴”的出资额，增加了“出资方式”作为记载事项。

主要修改内容

《公司法》第 55 条是关于公司向股东签发出资证明书的法律要求和出资证明书的内容要求。出资证明书的记载事项方面有三处变化：一是将股东缴纳的出资额修改为“认缴”和“实缴”的出资额，即在出资证明书中明确反映出股东的认缴出资额和实缴出资额分别为多少；二是增加了“出资方式”作为必须记载事项；三是增加出资证明书“由法定代表人签名”的规定。本条内容总体上完善了出资证明书的记载范围，亦对出资证明书进行了严格规范，形式上不仅需要公司盖章，还增加了法定代表人签名的要求。

修改注意事项

出资证明书是有限责任公司签发的证明股东已经履行出资义务的法律文件，更是股东依法享有股东权利和承担股东义务的法律凭证。出资证明书为要式文书，公司应当严格按照《公司法》的要求，将应当记载的事项如“公司成立日期、股东认缴和实缴的出资额、出资方式”等一一记录，并由法定代表人签字且由公司盖章后向股东进行签发。尤其在认缴制下，股东认缴出资后可能会分批次缴纳出资，应当明确记载认缴和实缴的出资额及出资方式、出资日期等，并按照出资情况的变化向股东签发或变更出资证明书。

对实践的影响

《公司法》进一步强化了出资证明书的重要作用。今后公司从设立时就要完善内部治理机制，改变实践中既不制作股东名册（除公司登记机关登记的股东名册外），也几乎不向股东签发出资证明书的管理模式。公司运营过程中，一旦发生股权转让、公司增减资、股权回购等情形，就应当及时为股东办理股权变更登记、签发新的出资证明书、更新股东名册及注销原股东出资证明书。

在复杂的股权纠纷司法裁判中，出资证明书常常被作为确认股东资格的直接证据。例如，最高人民法院（2020）最高法民申5589号民事裁定认为，吕某某主张自己被登记为某宝公司股东系身份被冒名使用，请求确认不是某宝公司的股东；在否认股东资格之诉中，如公司在设立过程中签发过出资证明书或者置备了股东名册，吕某某举证则相对容易，通过出资证明书亦能突破登记机关登记的对外公示效力。因此，建议在修订章程中明确制定出资证明书的责任主体，完善公司的治理机制。

第 14 条 | 股东名册

建议条款

公司应当置备股东名册，股东名册应记载下列事项：

（一）股东的姓名或者名称及住所；

（二）股东认缴和实缴的出资额、出资方式和出资日期；

（三）出资证明书编号；

（四）取得和丧失股东资格的日期。

记载于股东名册的股东，可以依股东名册主张行使股东权利。

法律依据和修改对照

法律依据：《公司法》第56条。

修改对照：相比于《公司法》（2018）第32条，《公司法》第56条将股东名册中“股东的出资额”进行修改，明确区分为

“认缴”和“实缴”两部分，股东名册中增加了“取得和丧失股东资格的日期”这一记载内容等。

主要修改内容

《公司法》第56条规定股东名册的记载事项，亦凸显出股东名册的重要性。关于股东名册与出资证明书，二者记载事项修改的内容基本相同。一是将股东缴纳的出资额区分为“认缴”和“实缴”两个部分，可以直观反映出股东的认缴出资额和实缴出资额为多少；二是增加“出资方式”和“出资日期”作为记载事项；三是增加“取得和丧失股东资格的日期”这一记载事项，提升了股东名册对股东资格的确认效力；四是删除了最后一款“公司应当将股东的姓名或者名称向公司登记机关登记；登记事项发生变更的，应当办理变更登记。未经登记或者变更登记的，不得对抗第三人”。

修改注意事项

不管是有限责任公司，还是股份有限公司，《公司法》均要求置备股东名册，而且法律规定股东名册是股东对内向公司行使股东权利的依据。《公司法》第56条扩充了股东名册的记载事项，公司应当依法重新制作或完善股东名册的内容，要将股东认缴和实缴的出资额、取得和丧失股东资格的日期等事项记载于股东名册，更有利于确保和实现股东名册对股东资格的确认效力，因此建议在修订章程中明确制定制作、管理股东名册的责任主体。

对实践的影响

公司未签发出资证明书及未记载于股东名册的救济途径。根据《公司法解释（三）》第 23 条的规定，公司怠于向股东履行签发出资证明书、记载于股东名册的，依法履行出资义务的股东或者继受股权的当事人有权提起诉讼。例如，北京市第一中级人民法院（2024）京 01 民终 2649 号民事裁定认为："一是股东名册登记的设权性质决定了股权转让合同生效并不会使受让人自动取得股权，受让人只有在公司股东名册上记载了自己姓名或名称后，才能以股东身份对公司主张行使股东权利，故股权转让协议的效力及履行并不当然产生股权变动的法律效果，股权变动的事实仍应取得公司的认可；二是股权的工商变更登记也并不是股权变动的生效要件，即工商变更登记不是设权性登记，仅是一种宣示性登记、对抗性登记，未经变更登记不得对抗公司外部的善意第三人。"

值得注意的是，在股东资格确认等公司内部纠纷案中，当公司章程与股东名册不一致时，股东名册可以作为认定股东资格的依据。因此，在公司内部治理过程中，应当保持公司章程记载的股东名称、各股东认缴和实缴出资额、出资日期等与股东名册的一致性，避免出现多处不一致引发内外争议。

第 15 条 ｜ 股东知情权

建议条款

股东有权查阅、复制公司及其全资子公司的章程、股东名册、股东会会议记录、董事会会议决议、监事会会议决议和财务会计报告，但应至少提前【　】个工作日书面通知公司。公司在收到股东请求后，应当在合理期限内作出回复，并安排查阅、复制事宜。

股东可以要求查阅公司及其全资子公司的会计账簿、会计凭证，但应当至少提前【　】个工作日，向公司提出书面请求，说明目的。如公司有合理根据认为股东查阅会计账簿、会计凭证有不正当目的，可能损害公司或其全资子公司合法利益的，可以拒绝提供查阅，并自股东提出书面请求之日起十五日内书面答复股东并说明理由。

股东查阅前款规定的材料，可以委托会计师事务所、律师事务所等中介机构进行。

股东及其委托的会计师事务所、律师事务所等中介机构查阅、复制有关材料，应当遵守有关保护国家秘密、商业秘密、个人隐私、个人信息等法律、行政法规的规定。

法律依据和修改对照

法律依据：《公司法》第 57 条。

修改对照：相比于《公司法》（2018 年）第 33 条，《公司法》第 57 条规定在股东知情权方面主要进行了如下修订：

(1) 在股东有权查阅、复制的内容中增加了“股东名册”；

(2) 在股东有权查阅的内容中增加了“会计凭证”；

(3) 明确股东可以委托会计师事务所、律师事务所等中介机构行使查阅、复制的权利，提高了股东知情权的可实操性；

(4) 增设穿透查阅规则，将股东知情权的范围扩展至公司全资子公司。

主要修改内容

对于公司章程内有关股东知情权的条款，需要在原有条款基础上，增加以下内容：(1) 股东查阅、复制股东名册的权利；(2) 股东查阅会计凭证的权利；(3) 允许股东委托中介机构进行查阅、复制的规定；(4) 股东还有权根据上述规定查阅、复制公司全资子公司的相关材料。

修改注意事项

1. 明确查阅、复制的范围。在公司章程中应明确股东可以查阅、复制的具体文件类型，以避免股东滥用权利可能给公司的正常管理经营造成不必要的干扰。

2. 规定查阅的程序。对于需要股东提出书面请求并说明目的的查阅事项（如会计账簿、会计凭证），应在公司章程中明确查阅的具体程序和时限，避免因程序设计不合理而引发争议纠纷的风险。

3. 中介机构的辅助。允许股东委托专业中介机构进行查阅、复制，但应明确中介机构的行为规范及保密义务。注意保护公司的商业秘密和敏感信息，在确保股东知情权的同时，亦应避免泄露公司重要信息。

4. 限制与例外。公司章程可以根据公司的实际情况，对股东查阅、复制公司或其全资子公司相关材料的权利进行合理限制，但不得违反法律法规的强制性规定。对于涉及国家秘密、商业秘密或其他敏感信息的材料，公司有权拒绝提供查阅。

对实践的影响

《公司法》（2018 年）第 33 条虽然规定了股东可以查阅会计账簿，但是未对股东可否查阅会计凭证作出明确规定。故在《公司法》施行前，对于股东是否可以查阅会计凭证，实际司法实践中并无统一的裁判标准。例如，最高人民法院（2019）最高法民申 6815 号民事裁定认为，根据《会计法》的规定，会计账簿不包括原始凭证和记账凭证。股东知情权和公司利益的保护需要平衡，故不应当随意超越法律的规定扩张解释股东知情权的范畴。而上海市高级人民法院（2020）沪民申 1113 号民事裁定则认为："股东要求查阅公司会计账簿，主要是为了了解公司经营管理和财务状况，保障其股东权益不受损害，而会计账簿的真实性和完整性只有通过查阅会计凭证才能得到验证。因此，允许股东查阅会计凭证（包括原始凭证和记账凭证）符合充分保障股东知情权的立法目的。"

《公司法》既已明确将会计凭证纳入股东知情权范畴，那么围绕上述问题的争议或将得到有效化解。另外，司法实践中不乏股东以行使知情权之名，行窃取公司商业秘密、掩盖其他不正当目的或损害公司利益之实，故《公司法》从平衡公司利益与股东权利的原则出发，又对股东行权作出了必要限制。

对于会计账簿和会计凭证（包括原始凭证和记账凭证），股东仅能查阅，而不能复制，并需履行相应的前置程序。例如，北京市顺义区人民法院于新法颁行后适用新法认定（详见微信公众号：顺义普法），张某于2024年4月25日向北京某物流公司邮寄了查阅会计账簿和会计凭证的申请书，说明了查阅目的，上述函件被签收。张某已经履行了法律规定的程序，其提起股东知情权诉讼请求的前置条件已经满足，且北京某物流公司提交的证据不足以证明张某查阅会计账簿和会计凭证具有不正当目的和损害公司合法利益的行为，故张某有权查阅会计账簿及会计凭证。

第16条 | 股东质询权

建议条款

股东会会议期间，股东有权就公司的经营状况、财务状况、重大决策，以及与公司经营管理或股东利益密切相关的事项，向董事、监事、高级管理人员进行质询。

股东行使质询权，应至少在股东会会议召开前三日向公司提交书面质询提纲，列明被质询人员和质询事项，且质询事项不得涉及个人隐私、商业秘密等法律法规禁止披露的信息。

被质询人员应当列席股东会，认真听取股东的质询，并在股东会会议上或会议结束后的合理期限内，就质询事项给予真实、明确的答复。

法律依据和修改对照

法律依据：《公司法》第187条。

修改对照：相比于《公司法》（2018年），《公司法》第187

条为新增内容，增加了股东会会议质询环节，明确了股东质询权的行使保障。

主要修改内容

在公司章程原有条款基础上，需根据现行规定增设有关股东质询权的条款，明确和细化股东质询权的行使场景、股东质询权的行使范围与限制、股东质询权的行使方式与程序，以及董事、监事、高级管理人员的列席及答复义务等。

修改注意事项

1. 保障股东行权。在制定或修改公司章程时，应确保股东质询权的有效实现，避免设置不必要的障碍或限制。

2. 保护被质询人员。在保障股东质询权的同时，也应兼顾尊重和保护公司及被质询人员的合法权益，杜绝恶意质询或干扰董事、监事、高级管理人员正常工作的情况。

3. 明确质询程序。对于股东行使质询权的方式和程序应作出具体规定，以使其具备现实可操作性。

4. 合理设计质询环节。股东会会议期间，相关人员应注意合理安排和把控质询环节的时间和节奏，以避免影响会议其他议程的正常进行。如针对相关质询事项，被质询人员无法在会议之上及时作出答复的，或可规定于会议结束后的一定期限内答复。

对实践的影响

1. 积极影响

（1）促进公司治理透明化

通过这种质询与被质询的互动，股东对公司的经营决策必将有更深入的了解，由此公司治理的透明度亦将得到显著提高，有助于打破公司管理层与股东之间的信息不对称的局面。

（2）增强股东参与感与责任感

当股东意识到自己的质询能够得到回应，并且对公司经营管理可能产生影响时，势必将更加积极主动地关注和参与公司事务，有利于公司长远健康发展。

2. 问题及建议

（1）质询与回应的质量问题

实践中，一些股东缺乏相关专业知识，以致提出的质询无法切中要害，或被质询人出于某些原因，对股东质询的解答避重就轻，尤其针对重点关键问题不作正面回应的情形。故此，建议股东应注意加强对相关专业知识的学习培训，以提高自身对公司经营业务的了解程度；公司应建立对管理层回应股东质询的考核机制，确保股东的质询权得到实质性保障，股东关注的问题得到妥善性解决。

（2）权利滥用与冲突问题

实践中，不乏股东滥用质询权的情形，如有的股东为个人私利，在股东会会议上频繁提出与公司经营无关的质询，试图干扰会议进程，影响公司正常决策；或者公司管理层对股东的合理质询进行抵制，如顾左右而言他的敷衍、毫不掩饰地拒绝等，导致股东与管理层之间冲突的产生、矛盾的激化。故此，建议公司在相关规章制度构建中，应进一步明确质询权范围界限，如详细列举可质询事项，排除与公司经营决策无关的内容，设立质询事项审核标准，审核质询是否合规合理；规范质询程序方式，如要求股东提前提交书面质询提纲，对于临时质询且非紧急重大情况，被质询人可暂不处理，但应对答复期限和方式作出限定；科学设置质询环节，如限制单个股东在会议上的质询次数和时间，并对滥用质询权的股东采取警告、限制权利行使等措施。

第 17 条 | 股东代表诉讼

建议条款

董事、高级管理人员存在违反法律、行政法规或公司章程的规定且给公司造成损失的情形，股东可以书面请求监事会向人民法院提起诉讼；监事存在违反法律、行政法规或公司章程的规定且给公司造成损失的情形，股东可以书面请求董事会向人民法院提起诉讼。

监事会或者董事会收到前款规定的股东书面请求后拒绝提起诉讼，或者自收到请求之日起三十日内未提起诉讼，或者情况紧急、不立即提起诉讼将会使公司利益受到难以弥补的损害的，股东有权为公司利益以自己的名义直接向人民法院提起诉讼。

他人侵犯公司合法权益，给公司造成损失的，股东可以依照前两款的规定向人民法院提起诉讼。

公司全资子公司的董事、监事、高级管理人员有《公司法》第一百八十八条规定情形，或者他人侵犯公司全资子公司合法权益造成损失的，股东可以依照前三款规定书面请求全资子公司的监事会、董事会向人民法院提起诉讼或者以自己的名义直接向人民法院提起诉讼。

法律依据和修改对照

法律依据：《公司法》第189条。

修改对照：与《公司法》（2018年）第151条比较，《公司法》第189条第4款“双重股东代表诉讼制度”为新增内容；另外，《公司法》取消了“执行董事”这一概念，将“执行董事”全部修订为“董事”。该内容进一步完善了公司法体系下的股东代表诉讼制度，为司法实践处理该类纠纷确定了法律依据，有利于保护母公司及其股东的合法权益。

主要修改内容

1. 对公司章程中有关股东代表诉讼的条款，需增加公司股东对全资子公司的董事、监事、高级管理人员、他人违反忠实勤勉义务并给公司合法权益造成损失时，可以书面请求全资子公司的监事会、董事会向人民法院提起诉讼，而且股东有权以自己名义提起代表诉讼。

2. 在董事、监事、高级管理人员等违反《公司法》第180～184条规定的法定忠实勤勉义务外，公司章程可以根据公司经营范围进一步细化董事、监事、高级管理人员的禁止性义务。

3. 关于“他人侵犯公司合法权益，给公司造成损失的”的规定，可以正面对“他人”的范围进行限缩性解释，比如包括公司的控股股东、实际控制人及与公司的控股股东、实际控制人有特定利害关系的人，与董事、监事、高级管理人员有特定利害关系的人。

4. 公司章程修订中可以细化股东书面请求监事会、董事会向人民法院提起诉讼的形式、送达方式等，并可以对“情况紧急、不立即提起诉讼将会使公司利益受到难以弥补的损害”作细化规定。

修改注意事项

1. 本条款系关于公司及全资子公司权益受到董事、高级管理人员的损害时，股东通过司法救济的法律依据。结合公司治理机制，在公司章程中合理设计“双重股东代表诉讼制度”的相关内容，更有利于母公司尤其是中小股东发挥公司治理方面的作用。

2. 股东代表诉讼已经明确要求系“全资子公司”，对此判断应当坚持形式主义立场，以股权标准予以认定，不包括非全资子公司和全资子公司的下级子公司。

3. 针对股份有限公司的股东代理诉讼制度，则应注意股东需满足连续 180 日以上单独或合计持有公司 1% 以上股份的要求，否则股东不能以代表身份启动诉讼。

4. 如有限责任公司根据《公司法》第 69 条、第 83 条，在公司内部没有设监事会，而是在董事会中设置审计委员会及公司依法没有设监事时，公司章程中就设计股东代表诉讼制度条款时，需要做相应的修改，不可直接援引本建议条款内容。

对实践的影响

1. 鉴于股东代表诉讼具有代表性和代位性，事实上原告股东行使的是公司的诉权，公司此时因被董事、监事、高级管理人员、他人等侵权行为人所控制，丧失了充当原告的可能性，方由股东进行权利救济。根据《公司法解释四》第 24 条之规定，此类案件中公司被列为第三人，如其他股东也以相同请求参加诉讼，那么将被列为共同原告。此外，股东依据该条款提起代表诉讼的案件，胜诉利益归属于公司，公司应当承担股东因参加诉讼支付的合理费用。

2. 关于股东代表诉讼中股东身份的认定问题。如作为原告的股东在提起股东代表诉讼后，将其在公司的股份转让并办理股权变更登记的，则无权再以股东身份继续进行诉讼。相反，股东作为原告提起股东代理诉讼后，被告以行为发生时原告尚未成为公司股东抗辩原告主体不适格的，法院不予支持，即司法实践中股东代表诉讼的股东不以侵权行为发生时持股为判断标准。例如，黑龙江省大庆市让胡路区人民法院（2022）黑 0604 民初 2368 号民事判决认为："作为对外具有公示公信效力的工商登记信息及相关材料均记载王某龙为宝丽公司的股东，虽然王某龙曾出具《股权转让承诺函》，但其未就股权转让与他人达成协议，也未办理股权变更登记。在出具《股权转让承诺函》后，王某宇曾诉至法院，要求王某龙履行股东出资义务，并组织召开有王某龙参加的股东会会议，足以证明王某宇对王某龙股东资格认可，故王某龙享有宝丽公司的股东资格。"

3. 关于股东代表诉讼案件的调解问题。股东代表诉讼的最终受益人是公司，为避免原告股东与被告及损害公司利益的董监高等互相串通，通过调解损害公司利益，人民法院应当审查调解协议是否为公司的真实意思，所以调解协议的内容需要经公司股东会、董事会决议通过后，才能出具调解书予以确认。

4. "双重股东代表诉讼制度"能够平衡中小股东与母公司控股股东、大股东的利益格局，将使控股股东、大股东与中小股东的利益牵制呈现更为复杂化、多元化的形态。中小股东在实践中运用该条款，通常需经历要求公司直接诉讼的前置程序，在董事会、监事会拒绝或怠于提起诉讼或者情况紧急、不立即提起诉讼将会使公司利益受到难以弥补的损失的，股东方能直接起诉，故中小股东对于本条规定不能预期过高，应当考虑从其他救济途径设计诉讼方案，同时应在日常治理中加强对董事、监事（或审计委员会）的选任和职责监督，完善公司章程对于公司治理结构的设计。

第 18 条 | 股权转让

建议条款

公司的股东之间可以相互转让其全部或者部分股权，股东也可以向股东以外的人转让股权。

股东转让股权的，应当书面通知公司，请求变更股东名册；需要办理变更登记的，并请求公司向公司登记机关办理变更登记。

股权转让的，受让人自记载于股东名册时起可以向公司主张行使股东权利。

依法转让股权后，公司应当及时注销原股东的出资证明书，向新股东签发出资证明书，并相应修改公司章程和股东名册中有关股东及其出资额的记载。

法律依据和修改对照

法律依据：《公司法》第 84 条。

修改对照：相比于《公司法》（2018）第 71 条，《公司法》第 84 条删除股东对外转让股权应经其他股东过半数同意的要求，简化了实操中股权对外转让的规则和程序，将两次通知改为一次。

主要修改内容

如原公司章程内有“股东对外转让股权应经其他股东过半数（或者更高比例的要求）同意的”规定，该规定应当进行修改，除非公司仍希望对股东对外转让股权作出严格限制。

修改注意事项

因《公司法》允许公司章程对股权转让另作规定，如对公司章程中“股东对外转让股权应经其他股东过半数（或者更高比例的要求）同意的”不作修改，视为公司章程对股东对外转让股权进行了特殊约定。

实践中，公司可以根据自身经营和发展的需要，对股权转让作出进一步限制规定，比如对转让的条件、价格、时间等可以根据公司实际情况添加，但应当注意不得超越《公司法》的禁止性规定，实质禁止股东转让股权。

对实践的影响

1. 实践中常见的限制股权转让约定

（1）限制转让情形

实践中有些公司章程约定，在特定情形下，强制股东将其持有的公司股权转让或由公司回购。例如，陕西省高级人民法院（2014）陕民二申字第 00215 号判决认定，大华公司在其公司章程中约定“持股人若辞职、调离或被辞退、解除劳动合同的，人走股留，所持股份由企业收购”，法院认为大华公司章程将是否与公司具有劳动合同关系作为取得股东身份的依据继而作出“人走股留”的规定，符合有限责任公司封闭性和人合性的特点，亦系公司自治原则的体现，不违反公司法的禁止性规定，属于对股东转让股权的限制性规定而非禁止性规定，宋某军依法转让股权的权利没有被公司章程所禁止，大华公司章程不存在侵害宋某军股权转让权利的情形，应为有效。

（2）限制转让条件

实践中有些公司章程约定，股东转让其持有的公司股权须取得特定主体的同意。例如，上海市浦东新区人民法院（2020）沪0115 民初 81228 号民事判决认为，上海某财经公司的公司章程约定任何一方转让公司股权须经全体在职董事一致同意方能转让，该约定明显比《公司法》规定的经其他股东过半数同意的规定苛刻。同时，在董事反对股权转让时，公司章程未约定转让股东的救济程序，使转让股东的股权转让目的落空，实质上无法通过转让股权退出公司经营，违反《公司法》的强制性规定，应属无效。同样，云南省昆明市中级人民法院（2017）云 01 民终 2233 号民事判决认为，股东会对公司章程修订内容规定“除非公司100% 股东同意，否则禁止公司股东对外转让股权”，那么对于无法达到 100% 股东同意的条件下，禁止股东对外转让股权的，公司章程并未规定股东的任何救济途径，严重损害了股东对其股权的基本处分权，该条款因违反法律规定，损害股东合法权利而无效。

（3）限制转让价格

实践中有些公司章程约定，股东转让其持有的公司股权有一定的价格限制。例如，湖南省高级人民法院（2016）湘民再 1 号再审民事判决认为，建筑设计院的公司章程约定“因辞职、辞退、受刑事处罚或其他事项离职而转让股权的，如内部转让不成或在离职后 30 天内没有确定受让人的，由公司回购股权，按公司上一年度末账面净资产结合股权比例确定股本受让价格，但不高于股本原始价格”，法院认为该公司章程及《股权管理办法》中对股东身份、股权额度、股权转让作出的条件性、限制性规定并没有违反法律禁止性规定，该约定合法有效。

（4）限制转让时间

实践中有些公司章程约定，股东转让其持有的公司股权有一定的锁定期。例如，山东省青岛市中级人民法院（2019）鲁02民终4542号民事判决认为，案涉公司的合资合同、公司章程、增资协议书对股权约定了“锁定期”，同时约定股权限售仅限定在一定的期限内，且上述条款亦约定只要新股东同意，也可以对外转让。上述对于限售期的约定仅是为了公司在新三板挂牌或公司上市对于公司股东对外转让股权在一定时间一定条件限制出售的约定，并非从根本上限制股东对外转让股权，与相关法律或证券交易所条例、上市规则等并不相悖，进而认定案涉公司合资合同、公司章程、增资协议书内容合法有效，对公司各股东均有拘束力。

2. 公司章程约定限制股权转让情形的边界

根据上述一系列裁判规则可以看出，公司章程可以在《公司法》规定的范围外对股权转让进一步作出限制，包括但不限于对转让条件、转让价格、转让时间等的限制。但是，股权是股东享有的一种财产性权利，任何财产权皆具有处分权能，一旦公司章程对股权转让的限制违反了财产权的本质，比如名为限制实为禁止的规定，可能会导致该条款的无效。因此，公司在公司章程中对股权转让作出额外的限制，应当避免该等额外限制变成实质上禁止股东转让股权的条款，从而因违反了公司法的强制性规定成为无效约定。

第 19 条 | 股东优先购买权

建议条款

股东向股东以外的人转让股权的，应当将股权转让的数量、价格、支付方式和期限等事项书面通知其他股东，其他股东在同等条件下有优先购买权。股东自接到书面通知之日起三十日内未答复的，视为放弃优先购买权。两个以上股东行使优先购买权的，协商确定各自的购买比例；协商不成的，按照转让时各自的【实缴/认缴】出资比例行使优先购买权。

股东在其他股东主张优先购买权后又不同意转让股权的，其他股东仍享有优先购买权。

人民法院依照法律规定的强制执行程序转让股东的股权时，其他股东在同等条件下有优先购买权，其他股东自人民法院通知之日起满二十日不行使优先购买权的，视为放弃优先购买权。

法律依据和修改对照

法律依据：《公司法》第 84 条。

修改对照：相比于《公司法》（2018 年）第 71 条，《公司法》本次修订不再要求股东对外转让股权应经其他股东过半数同意。本次公司法修订将通知其他股东行使优先购买权，以及股权转让数量、价格、支付方式、期限等事项放在一个通知中，由转让股东向其他股东发出，其他股东在接到通知后30 日内答复是否行使优先购买权，未答复的视为放弃优先购买权。

主要修改内容

对于公司章程内有关股东优先购买权条款，《公司法》直接规定股东对外转让股权，应书面通知其他股东行使优先购买权。其他股东未答复或不行使优先购买权的，股东可直接对外转让股权。但《公司法》允许公司章程对股权转让另作规定，公司可以结合实际情况决定是否修改原有股东对外转让股权的条款。

如公司章程需进一步限制股东转让股权的条件、价格、时间等，可以根据公司实际情况确定是否添加相关内容及如何添加，具体可以参考上一条股权转让条款的内容；关于股权转让后的变更登记、签发或注销出资证明书、修改公司章程等事项与上一条股权转让条款的内容一致。

修改注意事项

1. 股东对外转让股权的通知事项

根据《公司法》第 84 条的规定，转让股东应当将股权转让的数量、价格、支付方式和期限等条件书面通知其他股东；通知的对象是除转让股东之外的全部股东。虽然法律仅明确要求通知股权转让的数量、价格、支付方式和期限，但是为了保障有限责任公司股东对于其未来合作股东的知情权和选择权，公司可以根据自身需要，在公司章程中详细约定转让股东应当在书面通知中列明的事项，包括但不限于拟受让股权的外部人士信息、转让协议文本等，其他股东行使优先购买权的，视为接受该协议文本。

2. 其他股东行使优先购买权决定的时间限制

根据《公司法》第 84 条的规定，股东自接到书面通知之日起 30 日内未答复的，视为放弃优先购买权。根据《公司法解释

（四）》第19条的规定，公司章程可以另行规定超过30日的考虑期限，但不得约定少于30日的考虑期限，否则将被认定为不当限缩公司股东的权利，约定无效。

3. 多位股东行使优先购买权的比例确定

《公司法》第84条仅规定了在两个以上股东行使优先购买权且无法协商达成购买比例时，按照转让时各自的出资比例行使优先购买权，但并未明确此处的“出资比例”为实缴出资还是认缴出资，为了提高交易效率，公司章程中可以明确限定此处为实缴出资或认缴出资。

4. 转让股东的“反悔权”

根据《公司法解释（四）》第20条的规定，如果其他股东主张行使优先购买权后，转让股东又不同意转让股权的，其他股东此时无权行使优先购买权，但公司章程另有规定或者全体股东另有约定的除外。因此，公司可以根据需要，明确在公司章程中约定排除“反悔权”。

对实践的影响

1. 股东对外转让股权应履行适当通知义务，保证其他股东的优先购买权。虽然《公司法》（2018年）未明确规定通知必备的内容，但司法实践中已有相关裁判原则。例如，最高人民法院（2016）最高法民再195号民事判决认为，拟转让股权一方仅向其他股东告知股权转让的数量、价格，但并未通知股权转让款的支付方式、期限等情况的，影响了其他股东行使优先购买权，属于转让方未按照规定适当履行通知义务，故《公司法》第84条响应了司法实践已确立的裁判原则。

关于书面通知的方式，如最高人民法院（2015）民申字第

1593号判决认为，在报纸上发布股权转让声明的行为不符合公司法规定的书面通知其他股东的要求，故应当严格采取书面形式通知其他股东关于拟转让股权的具体事项。

2. 股东优先购买权的行使，受除斥期间的约束，即应当在知道或应当知道行使优先购买权的同等条件之日起30日内，或者在股权变更登记之日起1年内，向转让股东主张优先购买权，法律依据为《公司法解释（四）》第21条第1款，否则任一期限的逾期均将导致优先权消灭。例如，最高人民法院（2019）最高法民申2345号民事裁定认为，《公司法解释（四）》第21条第1款“自股权变更登记之日起超过一年的”之规定，是为了维系公司的稳定性而综合设定的期间，并不以其他股东是否知晓股权转让的事实为前提。案涉股权早已在2010年完成登记机关登记，即便兰驼公司在此时可能不知该股权转让的事实，其在2014年就另案57%股权提起诉讼时，应已知晓相关事实。至本案2017年提起诉讼，间隔3年之久，早已超过合理期间。

第20条 | 异议股东回购请求权

建议条款

有下列情形之一的，对股东会该项决议投反对票的股东可以要求公司按照合理价格收购其股权：

（一）公司连续五年不向股东分配利润，而公司该五年连续盈利，并且符合《公司法》规定的分配利润条件的；

（二）公司合并、分立、转让主要财产的；

（三）公司章程规定的营业期限届满或者公司章程规定的其他解散事由出现，股东会通过决议修改公司章程使公司存续的。

自股东会会议决议作出之日起六十日内，退出股东与公司不能达成股权收购协议的，股东可以自股东会会议决议作出之日起九十日内向人民法院提起诉讼。

公司的控股股东滥用股东权利，严重损害公司或者其他出资人利益的，其他出资人有权请求公司按照合理的价格收购其股权。

公司因本条第一款第（一）项、第（三）项规定的情形收购的本公司股权，应当在六个月内依法转让或者注销。

法律依据和修改对照

法律依据：《公司法》第89条。

修改对照：相比于《公司法》（2018年）第74条，《公司法》第89条规定主要新增两款内容：（1）在法定情形的基础上，新增了其他股东在公司控股股东滥用股东权利、严重损害公司或者其他股东利益的情形下享有股权回购请求权条款；（2）新增了公司应在发生特定回购情形时于6个月内依法转让或注销的条款。

主要修改内容

对于公司章程内有关异议股东的回购请求权条款，需要在原有条款基础上，增加上述有关股东滥用股东权利情形下其他股东的股权回购请求权条款以及6个月的回购期限条款。

修改注意事项

有关股东滥用股东权利情形下其他股东的股权回购请求权条

款，从法律实务角度看，属于重大、实质性变更，公司和相关股东对此应当有明确的预期。特别提醒的是，本款的适用应当同时满足“控股股东滥用股东权利”和“严重损害公司或者其他股东利益”两个要件。

对于中小股东来说，法律和公司章程上的前述变化自然是利好，但是中小股东也应当知道，这一条款在实践中的运用条件是比较严苛的，通常会经历诉讼程序，两个要件上的举证责任要求比较高。因此，中小股东对于本条规定不能预期过高，如果想更好保护自己的利益，可以考虑通过与公司和大股东签署约定回购协议/条款或者与大股东签订约定转让协议等方式来达成目标。当然，约定回购协议/条款是否对公司发生效力，是否可以履行，不确定性是比较强的。

对实践的影响

1. 满足公司章程规定的上述三类情形之一是触发法定回购的条件，即便公司存在其他严重事项，若不在三类法定情形范围内，股东仍无权要求公司回购其股权。例如，山东省高级人民法院（2016）鲁民终791号民事判决认为，虽然鸿源公司在2009年至2013年连续5年没有向股东分配利润，但鸿源公司在该5年内并没有连续盈利，故周某涛等11人请求鸿源公司收购其股权不符合法律规定，法院不予支持。

2. 对于“控股股东滥用股东权利”以及“严重损害公司或者其他股东利益”的标准，法律均没有作明确规定。前述两项要件是否成立，将依赖于法官的个案认定。

3. 关于回购价格如何确定，实践中没有统一的标准，但是下述两种方式可以作为参考：

（1）股东已与公司就回购价款沟通达成一致，法院一般会支持双方达成的股权回购方案。例如，最高人民法院（2016）最高法民终34号民事判决认为，在太某集团三个股东中有两个股东于2011年8月28日形成了《关于太某集团有限责任公司延长经营期限股东会决议》的情况下，信某公司于2011年9月13日向太某集团发出《关于对太某集团有限责任公司临时股东会议题表决的函》，表示不同意延长太某集团经营期限，并在法定期限内向原审法院提起诉讼，请求太某集团以合理的价格收购其在太某集团股份的诉求，符合《公司法》（2013年）第74条第1款第3项规定的“公司章程规定的营业期限届满或者章程规定的其他解散事由出现，股东会会议通过决议修改章程使公司存续的”法定收购股权条件，各方签订的债权转股权协议及债权转股权补充协议为当事人意思表示真实，内容形式不违反法律、行政法规的强制性规定，协议合法有效。

（2）股东与公司对于回购价款无法协商一致，一方可向法院申请司法审计，或由双方共同委托第三方机构对公司资产情况进行评估确定股权价格。例如，上海市第二中级人民法院（2021）沪02民终2456号民事判决认为，根据《公司法》（2018年）第74条的规定，异议股东可以请求公司按照合理价格收购其股权，而“合理价格”应理解为市场公允价格。在孙某顿等8名股东与前某公司未有关于股权收购合理价格的约定，亦未能经协商达成一致意见的情形下，通过委托第三方资产评估来确定股权收购合理价格合法、可行。

第 21 条 | 股东资格的继承

建议条款 1

自然人股东死亡后，其合法继承人可以继承股东资格。股东未履行或者未全面履行出资义务的，继承人应当承继股东的出资义务。

建议条款 2

自然人股东死亡后，其合法继承人不可以继承股东资格，仅可继承相应股权的财产价值，继承人应配合将已死亡自然人股东持有的股权转让至公司其他股东名下，其他股东按持股比例受让已死亡自然人股东的股权。

法律依据和修改对照

法律依据：《公司法》第 90 条。

修改对照：相比于《公司法》（2018 年）第 75 条，《公司法》第 90 条相关规定未发生变化。

主要修改内容

原有公司章程条款涵盖《公司法》关于自然人股东股权继承制度，可沿用原有的公司章程条款。针对有限责任公司中自然人股东股权继承制度，原则上自然人死亡的，其继承人可以继承股东资格，但允许公司章程作出例外规定。

本建议条款主要是增加了一条例外规定。基于有限责任公司人合性的考虑，原来的自然人股东去世之后，其他股东未必愿意接受其继承人作为公司股东，尤其是当继承人众多时，反而会增加公司召开股东会的负担，降低公司决策效率。因此，建议可仅允许继承人继承相应股权的财产价值，配合公司其他股东办理股权转让变更登记，这样不仅不会破坏公司的人合性，而且有利于保护继承人的合法权益。本新增例外规定条款，供企业结合自身情况选择适用。

修改注意事项

在公司章程中规定如发生自然人股东死亡事件的，其继承人能否通过继承获得公司股东身份，如果为了保障公司的人合性基础而不允许发生股权继承，应进一步规定死亡股东遗留股权的处理机制。例如，可规定其他股东按照出资比例予以受让该等股权，如公司现有股东不愿受让全部或者部分股权的，该部分股权则由继承人继承或者进行减资处理。

对实践的影响

1. 被继承人去世以后，需要注意公司其他股东对被继承人的股权是否享有优先购买权问题。若公司章程及股东未就继承自然人股东资格情况下的优先购买权作出约定，并不支持其他股东的优先购买权。

2. 被继承人的股权若涉及股权代持，实际出资人能否直接要求成为公司股东的问题同样值得探讨。有观点指出，股权继承需

要以下列要素为前提：①

（1）被继承股权的主体是公司股东名册上登记的股东。如果被继承人为实际出资人，不是公司股东，存在股权代持法律关系，那么继承人应向显名的代持股东主张股权财产权益，这符合合同相对性原则。

（2）继承人为法定继承人。公司法的股权继承规则，根源于对继承法上死后扶养家庭伦理价值的尊重，这就要求股权继承的继承人必须为法定继承人，是承受自然人死后扶养利益的主体，而法定继承人之外的受遗赠人不适用股权继承规则。其原因在于，遗赠是死亡的被继承人与受遗赠人之间的双向合同，所表现的是被继承人的独立意志，而欠缺法定扶养义务的家庭伦理价值支持。并且遗赠和赠与都可以达到规避优先购买权的效果，所以遗赠不在股权继承范围之内，除非另行征得公司的同意。

（3）继承的股权需要与死亡自然人股东的股权状态一致。无论法定继承人是一人还是几人，股权继承都是对死亡股东股权的整体继受。

3. 公司章程条款除规定合法继承人可以继承股东资格外，也强调继承人应当承继股东的出资义务。被继承人股权若存在出资方面的瑕疵情形，不影响继承人的股东身份，但若继承人在成为公司股东后，不按照《公司法》及公司章程的规定履行出资义务，则可能存在股东失权的法律风险。

在司法实践中，对于公司章程无特别限制，可以继承股东资格，股东资格既包括股东的财产权，也包括基于财产产生的身份

① 参见赵玉：《股权继承规则的系统性改造》，载《法律科学（西北政法大学学报）》2024 年第 1 期。

权。例如，北京市高级人民法院（2023）京民申 2100 号民事裁定认为，继承自然人股东死亡后，其合法继承人可以继承股东资格，但是，公司章程另有规定的除外。一审法院经审理查明案涉公司或有限合伙企业的章程中并无有关继承人继承股东资格的限制条件。据此，二审法院关于李某 4 持有的相关公司的股权分割等处理，具有事实和法律依据。又如，北京市第二中级人民法院（2022）京 02 民终 7236 号民事判决认为，股东资格可以被继承，该股东资格既包括股东的财产权，也包括基于财产产生的身份权。继承人只需证明其是被继承人的合法继承人，而被继承人是公司股东即可。其他股东只有证明公司章程有约定排除或限制继承发生时新股东的加入，继承人方不能取得股东资格。

对于公司章程作出特别限制规定的，原则上不能继承股东资格。公司章程虽未明确规定"不能继承死亡自然人的股东资格"，但通过分析公司章程的演变，认定公司章程已经排除了股东资格的继承，此种情形下不能继承股东资格。例如，最高人民法院（2018）最高法民终 88 号民事判决认为，纵观建某公司章程的演变，并结合建某公司对离职退股的实践处理方式，本案应当认定公司章程已经排除了股东资格的继承。

第 22 条 | 股东出资义务

建议条款

股东应当按期足额缴纳对公司所认缴的出资额，该出资义务属于股东的法定义务，具体要求如下：

（一）本公司股东应按照公司章程规定的时间、方式等要求在公司成立之日起五年内完成出资义务的履行。

（二）股东出资后，董事会应当对股东的出资情况进行核查，发现股东未按期足额出资的，应当召开董事会，形成董事会决议，并以公司名义向该股东发出书面催缴通知，载明不少于六十日的宽限期，催缴出资。未及时履行上述义务给公司造成损失的，负有责任的董事应当承担赔偿责任。

（三）公司按照前款规定的程序发出的催缴股东出资通知书载明的宽限期届满，股东仍未履行出资义务的，公司可以再次召开董事会会议，审议该股东失权问题。如董事会形成失权决议的，则公司向该股东发出未完成实缴部分出资的失权通知。自通知发出之日起，该股东丧失其未缴纳出资的股权。

（四）公司成立后，股东不得抽逃出资。如有违反，股东应当返还所抽逃的资金；给公司造成的损失的，负有责任的董监高须对此承担连带赔偿责任。

（五）公司不能清偿到期债务的，公司或已到期债权人有权要求已认缴出资但未届出资期限的股东提前缴纳出资。

法律依据和修改对照

法律依据：《公司法》第 47 条、第 50 条、第 51 条、第 52 条、第 53 条、第 54 条。

修改对照：

（1）相比于《公司法》（2018 年），《公司法》第 47 条将股东出资的认缴制修改为有期限的（5 年）认缴制。

（2）相比于《公司法》（2018 年），《公司法》增加了第 51 条，明确了董事会对股东出资的核查义务和催缴义务，以及怠于履行义务给公司造成损失时的赔偿责任。

(3) 相比于《公司法》(2018年),《公司法》增加了第52条,明确了董事会核查股东出资义务、公司发出催缴通知的形式、时间、出资宽限期以及宽限期届满股东失权的法律后果、股东失权后其名下出资额处理以及被失权股东的法律救济等具体规定。股东失权制度在《公司法解释(三)》第17条中已有规定,司法实践中也有应用,称“股东除名制度”。

(4) 相比于《公司法》(2018年),《公司法》第53条增加了股东抽逃出资时董监高的连带赔偿责任。当然,负有责任的董监高对股东抽逃出资的连带赔偿责任基于共同侵权的民事理论,在《公司法解释(三)》第14条已有规定,司法实践中也有应用。

(5) 相比于《公司法》(2018年),《公司法》新增第54条,规定了股东加速出资的条件,即“公司不能清偿到期债务”,有权提出要求的是公司和已到期债权的债权人。此前,《企业破产法》第35条、《企业破产法规定(二)》(2020年修正)第20条规定股东加速出资的条件是“公司资不抵债”,本次修订大大提高了股东加速出资触发的条件,实质性提高了对股东出资义务的要求。

主要修改内容

关于股东出资义务是本次《公司法》修订的主要内容,主要强化了股东出资义务、公司资本充实原则及董事会维护公司资本充实的法定义务。

修改注意事项

1. 公司章程中须明确各股东认缴的出资金额、出资方式（货币与非货币）和出资时间，且出资时间须限制在公司设立后5年内，超过该期间约定的无效。

2. 关于股东未全面履行出资义务对其他股东的违约责任，本次《公司法》修订中予以删除，并非意味着该行为不构成对其他股东的违约，而是将该等违约责任的承担方式交于股东自治。所以，如果股东达成一致，这种情况下仍然要追究对股东的违约责任，则仍需在公司章程或股东决议等治理文件中明确约定。

3. 关于董事会对股东出资的核查义务，具有重要的法律意义：一是涉及董事对公司勤勉尽责的履行，即未履行该义务的董事负有过错赔偿责任；二是涉及股东对公司资本充实义务的责任及股东切身权益，如果股东怠于按照催缴通知履行出资义务，会直接影响股东是否仍享有该部分未实缴的出资的权利（甚至股东资格），并承担股东违约责任；三是法律无法考虑各公司和股东的实际情况，只能作原则性和框架性规定。因此，无论是从公司资本充实角度，还是从股东权利实现、董事免责角度而言，我们都建议公司根据实际情况，在公司章程中明确该等义务的履行细节，包括：（1）董事会对股东出资义务进行核查的时点，包括出资期限届满前，或者在出资期限届满前有证据表明股东客观上出现了出资能力不足的情形，董事会基于预期违约原理进行核查等；（2）董事会决议确定的催缴宽限期；（3）书面催缴的方式和次数，虽然法律并没有规定催缴的次数，但如果董事会形成决议，同时股东会对此事项也进行了审议，并根据实际情况决定给该股东第二次宽限期，从法理上讲，也并非不可；（4）区别董事会集体决策义务与具体执行董事会决议的董事的个人义务，鉴于股东出资的重要意义，我们建议董事会集体履行该等义务，形成公司意思表示时均需通过董事会决议的方式。

4. 股东失权的，公司章程需约定对该部分出资的处理办法：

（1）由现股东受让，包括某股东单独受让或者多位股东按比例受让，股权转让应在6个月内完成，受让后缴纳出资的时间、方式等；

（2）公司定向减资，将股东失权的部分出资进行减资并注销，减资注销工作需在6个月内完成；

（3）如6个月既未完成股权转让，也未完成减资注销，则公司其他股东必须按照其在公司的出资比例完成实缴。

5. 关于股东失权制度，同上所述，建议股东在决定上述条款时进行仔细斟酌，慎重对待，并在公司章程中明确操作细节，防止出现意外或者法律纠纷。

6. 股东抽逃出资时负有责任董监高的连带赔偿责任，这是《公司法》新增的一项连带赔偿责任。

7. 股东加速出资制度，是《公司法》新增条款，实践中公司章程可以约定触发股东出资义务时公司作为申请人要求股东加速出资的具体情形。例如，公司年度亏损达到一定金额；公司连续亏损达到一定年限；股东会1/2或2/3以上股东会形成决议，要求股东加速出资。

实践中，上述约定也是双刃剑，即一方面会便利公司主张股东加速出资，另一方面也有利于公司的债权人主张权利。

对实践的影响

1. 股东资格、出资义务、股权转让是实践中公司法领域的高频案例。本次《公司法》修订，明确了公司资本充实的原则，为此加大了股东责任以及董监高维护公司资本充实原则的义务和责任。对于约束股东义务，明确公司、股东、董监高权利义务边界具有重要意义。本次《公司法》修订后，实践中也会因此出现更多的类似纠纷。

2. 公司设立阶段，各方股东初始制定公司章程中，对于股东出资义务的约定要尽可能清晰、明确、可操作。初始约定清楚的意义在于：一方面，可以减少未来争议的发生；另一方面，一旦发生争议也有可以遵循的解决争议原则，这些股东之间内部达成一致的约定，即使在诉讼过程中只要不明显违背公司法的强制性规定通常会得到裁判机构的认可。

第 23 条 | 股东依法行使股东权利

建议条款

公司股东在公司享有股权权利，但股东对其任何股东权利的行使须依法进行：

（一）公司股东应当遵守法律、行政法规和公司章程，依法行使股东权利，不得滥用股东权利损害公司或者其他股东的利益。公司股东滥用股东权利给公司或者其他股东造成损失的，应当承担赔偿责任。

（二）公司的控股股东、实际控制人、董事、监事、高级管理人员不得利用关联关系损害公司利益。违反前款规定，给公司造成损失的，应当承担赔偿责任。

（三）公司股东滥用公司法人独立地位和股东有限责任，逃避债务，严重损害公司债权人利益的，应当对公司债务承担连带责任。

股东利用其控制的两个以上公司实施前款规定行为的，各公司应当对任一公司的债务承担连带责任。

【提示】只有一个股东的公司，股东不能证明公司财产独立于股东自己的财产的，应当对公司债务承担连带责任。

（四）股东行使知情权，要求查阅公司会计账簿、会计凭证的，应当向公司提出书面请求，说明目的。公司有合理根据认为股东查阅会计账簿、会计凭证有不正当目的，可能损害公司合法利益的，可以拒绝提供查阅，并应当自股东提出书面请求之日起十五日内书面答复股东并说明理由。此外，股东通过自己或委托会计师事务所、律师事务所等中介机构行使知情权，对因此查阅、复制的有关材料负有保密义务。

法律依据和修改对照

法律依据：《公司法》第21条、第22条、第23条、第57条。

修改对照：相比于《公司法》（2018年），《公司法》第23条在此前纵向否定法人人格的基础上，增加了“横向否定法人人格”的内容，即关于否定公司人格，不限于股东对其有投资关系的公司，也包括双方没有投资关系，实质性加大了股东滥用股东责任的法律后果。关于不局限于投资关系的横向法人人格否认，此前《破产工作会议纪要》第6部分“关联企业破产”中即表达了这一立法原则，实践中也有大量的关联企业合并破产的案例。本次《公司法》修订是股东为无投资关系的关联企业债务承担连带责任的新增依据。

《九民纪要》规定的认定否定公司人格的三种主要情形为人格混同、过度支配与控制、资本显著不足。具体规定："【人格混同】认定公司人格与股东人格是否存在混同，最根本的判断标准是公司是否具有独立意思和独立财产，最主要的表现是公司的财产与股东的财产是否混同且无法区分。在认定是否构成人格混同时，应当综合考虑以下因素：

(1) 股东无偿使用公司资金或者财产，不作财务记载的；

(2) 股东用公司的资金偿还股东的债务，或者将公司的资金供关联公司无偿使用，不作财务记载的；

(3) 公司账簿与股东账簿不分，致使公司财产与股东财产无法区分的；

(4) 股东自身收益与公司盈利不加区分，致使双方利益不清的；

(5) 公司的财产记载于股东名下，由股东占有、使用的；

(6) 人格混同的其他情形。

在出现人格混同的情况下，往往同时出现以下混同：公司业务和股东业务混同；公司员工与股东员工混同，特别是财务人员混同；公司住所与股东住所混同。人民法院在审理案件时，关键要审查是否构成人格混同，而不要求同时具备其他方面的混同，其他方面的混同往往只是人格混同的补强。

【过度支配与控制】公司控制股东对公司过度支配与控制，操纵公司的决策过程，使公司完全丧失独立性，沦为控制股东的工具或躯壳，严重损害公司债权人利益，应当否认公司人格，由滥用控制权的股东对公司债务承担连带责任。实践中常见的情形包括：

（1）母子公司之间或者子公司之间进行利益输送的；

（2）母子公司或者子公司之间进行交易，收益归一方，损失却由另一方承担的；

（3）先从原公司抽走资金，然后再成立经营目的相同或者类似的公司，逃避原公司债务的；

（4）先解散公司，再以原公司场所、设备、人员及相同或者相似的经营目的另设公司，逃避原公司债务的；

（5）过度支配与控制的其他情形。

控制股东或实际控制人控制多个子公司或者关联公司，滥用控制权使多个子公司或者关联公司财产边界不清、财务混同，利益相互输送，丧失人格独立性，沦为控制股东逃避债务、非法经营，甚至违法犯罪工具的，可以综合案件事实，否认子公司或者关联公司法人人格，判令承担连带责任。

【资本显著不足】资本显著不足指的是，公司设立后在经营过程中，股东实际投入公司的资本数额与公司经营所隐含的风险相比明显不匹配。股东利用较少资本从事力所不及的经营，表明其没有从事公司经营的诚意，实质是恶意利用公司独立人格和股东有限责任把投资风险转嫁给债权人。由于资本显著不足的判断标准有很大的模糊性，特别是要与公司采取‘以小博大’的正常经营方式相区分，因此在适用时要十分谨慎，应当与其他因素结合起来综合判断。”

主要修改内容

新增“横向人格否认”制度，在股东严重滥用股东权利损害关联企业公司和债权人利益情况下，导致关联企业成员之间存在法人人格高度混同，需否定关联公司的独立法人人格和股东有限责任，责令股东对关联公司债务承担连带责任。

对实践的影响

1. 公司独立法人和股东有限责任是公司法的基石，是对股东最大的法律上的保护，也是实现公司法鼓励投资的目标的基础。但是，股东要获得这个法律上的保护，需要严格遵守公司法的强制性规定，依法行使股东权利。一旦滥用权利将损害公司及/或其他股东的利益，即需要承担侵权责任来维护公司法律关系的平衡。对股东违反公司法强制性规定的最严厉的处罚措施就是免除其股东有限责任的法律保护，让股东对公司债务甚至关联企业债务承担无限连带责任。

2. 实践中否定法人人格，判令股东对公司债务承担连带责任的案例。

在云南省昆明市西山区人民法院（2021）云0112刑初752号刑事附带民事公益诉讼判决（最高人民法院指导性案例215号）中，法院查明的事实："闽某公司生产经营活动造成生态环境损害的同时，其股东黄某海、黄某芬、黄某龙还存在如下行为：1. 股东个人银行卡收公司应收资金共计124,642,613.1元，不作财务记载。2. 将属于公司财产的9套房产（市值8,920,611元）记载于股东及股东配偶名下，由股东无偿占有。3. 公司账簿与股东账簿不分，公司财产与股东财产、股东自身收益与公司盈利难以区分。闽某公司自案发后已全面停产，对公账户可用余额仅为18,261.05元。"法院认为："由于闽某公司自成立伊始即与股东黄某海、黄某芬、黄某龙之间存在大量、频繁的资金往来，且三人均有对公司财产的无偿占有，与闽某公司已构成人格高度混同，可以认定属《中华人民共和国公司法》第二十条第三款规定的股东滥用公司法人独立地位和股东有限责任的行为。现闽某公司所应负担的环境侵权债务合计 10,944,521 元，远高于闽某公司注册资本 1,000,000 元，且闽某公司自案发后已全面停产，对公账户可用余额仅为 18,261.05 元。上述事实表明黄某海、黄某芬、黄某龙与闽某公司的高度人格混同已使闽某公司失去清偿其环境侵权债务的能力，闽某公司难以履行其应当承担的生态环境损害赔偿义务，符合《中华人民共和国公司法》第二十条第三款规定的股东承担连带责任之要件，黄某海、黄某芬、黄某龙应对闽某公司的环境侵权债务承担连带责任。”

第 24 条 | 控股股东（实际控制人）的诚信义务

建议条款

公司控股股东作为公司股东，除与其他股东同样负有出资义务、依法行使股东权利的义务外，还同实际控制人一起对公司和其他股东负有诚信义务。

（一）公司为公司股东或者实际控制人提供担保的，应当经股东会决议。实际控制人支配的股东应当回避表决，不得参加前款规定事项的表决。该项表决由出席会议的其他股东所持表决权的过半数通过。

（二）公司的控股股东、实际控制人、董事、监事、高级管理人员不得利用关联关系损害公司利益。否则，应对由此给公司造成的损失承担赔偿责任。

（三）公司控股股东滥用公司法人独立地位和股东有限责任，

逃避债务，严重损害公司债权人利益的，应当对公司债务承担连带责任。

股东利用其控制的两个以上公司实施前款规定行为的，各公司应当对任一公司的债务承担连带责任。

【提示】只有一个股东的公司，股东不能证明公司财产独立于股东自己的财产的，应当对公司债务承担连带责任。

（四）公司的控股股东滥用股东权利，严重损害其他股东利益的，其他股东除可以追究其侵权责任外，还有权请求公司按照合理的价格收购其股权。

（五）公司董事、监事和高级管理人员对公司负有忠实和勤勉的义务，公司控股股东和实际控制人不担任公司董事但实际执行公司事务的，与董事、监事和高级管理人员同样负有对公司忠实和勤勉的义务。

（六）公司董事、高级管理人员从事损害公司或者股东利益的行为的，应当对公司或股东承担侵权责任。公司的控股股东、实际控制人指示董事、高级管理人员从事损害公司或者股东利益的行为的，与该董事、高级管理人员承担连带责任。

（七）其他义务。

法律依据和修改对照

法律依据：《公司法》第 15 条、第 21 条、第 22 条、第 23 条、第 89 条第 3 款、第 180 条、第 192 条。

修改对照：

（1）相比于《公司法》（2018 年）第 74 条，《公司法》第 89 条第 3 款是新增条款，新增了其他股东在公司控股股东滥用股东权利、严重损害公司或者其他股东利益的情形下享有股权回购请求权条款。

(2) 相比于《公司法》(2018 年),《公司法》第 180 条第 3 款是新增条款,新增事实董事的义务与责任。

(3) 相比于《公司法》(2018 年),《公司法》第 192 条是新增条款,新增影子董事的义务与责任。

主要修改内容

上述修改实质性强化了控股股东、实际控制人的义务与责任。

修改注意事项

除建议条款明确约定的控股股东和实际控制人诚信义务外,控股股东和实际控制人作为公司执行董事或者控制董事会多数席位的一方,承担搭建公司法人治理架构、建设现代企业制度以及维护其他股东权益实现的主要义务,包括依照法律和公司章程规定及时召集、召开董事会和股东会,并形成公司决议,建立股东会对董事会和经理层的授权/激励和约束机制并有效运行;及时向其他股东通报公司业务和经营基本情况,维护其他股东的知情权的实现,采取一切必要措施提高公司核心竞争力和盈利能力,确保股东投资收益权的实现,以及在公司符合解散的情况下及时组成清算组进行清算等义务。

对实践的影响

1. 控股股东滥用股东权利损害股东利益是实践中高发案例,本次公司法修订前,通过《民法典》侵权责任编基本能够解决,《公司法》补充了公司法的依据。当然,《公司法》第 89 条关于控股股东滥用股东权利严重损害其他股东利益的情况下赋予其他股东股权回购请求权的规定突破了《民法典》的规定，应高度重视。

2. 对于“控股股东滥用股东权利”以及“严重损害公司或者其他股东利益”的标准，法律均没有明确规定。前述两项要件是否成立，将依赖于法官的个案认定。关于股权回购价格，可以借用异议股东回购请求权条款，在公司章程中进行约定，本条不赘述。

第 25 条 | 股东、控股股东和实际控制人的约定义务

建议条款

根据本公司、股东的实际情况，除法定义务外，控股股东和实际控制人应当同时承担下列义务：

（一）规范关联交易的义务，列示关联公司名称，明确限定关联交易的内容、价格和股东会审议流程（控股股东回避表决的情况下），以及不得新增关联方和关联交易的约定；

（二）清理关联企业的义务，需明确需清理的关联企业名称、清理的方式和时间；

（三）规范与公司之间的资金往来的义务，包括历史上形成的资金往来的清理时间、清理方式；

（四）规范董事、监事、高级管理人员兼职的义务，如控股股东和实际控制人需解除在关联公司兼任的董事、监事、高级管理人员职位及时间；

（五）公司高溢价引入 VC/PE 等外部投资人时与控股股东和实际控制人签署的业绩承诺和回购、对赌义务；

（六）其他约定义务。

根据本公司、股东的实际情况，除法定义务外，适用于公司全体股东的约定义务：

（一）竞业禁止的义务，全体股东在持有公司股权期间不得从事与公司相竞争的业务，并明确定义竞业禁止的产品、领域、地域等；

（二）股权限售义务，如遵守其他法律、行政法规，证券监督管理机构、交易所规则关于股权限售的规定，如禁止将股权转让给竞争对手等；

（三）商业秘密保密义务，对于持有公司股权期间获得的公司商业信息负有保密的义务，非经法律规定和公司书面同意不得对外提供；

（四）其他约定义务。

法律依据和修改对照

股东之间特别约定的事项（包括约定的义务）属于股东自治和公司自治的范畴，对于公司来说，具有重要的商务意义和法律意义：一方面，有利于股东之间合作完成公司的设立和经营管理工作，防止未来发生争议；另一方面，一旦未来发生争议，法院在很大程度上会尊重各方事先约定的规则来解决争议，（在约定有效的情况下）有约定从约定，没有约定从法律规定是民商事法律纠纷的基本司法原则。当然，这是属于民法和公司法法理的部分，并没有体现在《公司法》的具体条款中，且本次《公司法》修订亦未改变这一重要原则。

修改注意事项

本条款修改注意事项是股东之间具体如何约定这些义务，在建议条款中已经做了一些举例，公司和股东需结合自身的实际情况，按照法理的原则进行实事求是的列示。

对实践的影响

1. 本次公司法修订揭示了一个新公司法时代的到来——从简单、粗放到集约和法治化，所以相关方在起草有关股东约定义务条款时务必重视此类意思自治的约定事项，以助力股东合作和公司的发展。

2. 为实现股东特别约定的义务对公司的重要意义，本条款的约定部分属于原则性约定，部分属于具体可操作性约定。对于具体可操作性约定，如控股股东清理关联交易的约定，应当具体、明确、可操作。

3. 关于股东之间约定义务的体现方式，实践中有下列需要注意的事项：

（1）股东约定义务的体现方式：在股东协议中体现，或在股东会决议、股东会/董事会会议记录中体现。其约定的不同形式在很大程度上也会影响其效力，如股东协议是双务行为，仅对签署协议的双方或多方当事人发生法律效力，对其他人不发生法律约束力；股东会决议/董事会决议和会议记录可能会因为不能在登记机关备案而不具有对抗（善意）第三人的效力；公司章程应当予以备案和公示，具有对世效力。

（2）如何选择上述体现方式，股东和公司需要根据实际情况考虑适当性问题，如部分约定并不适合在公司章程中体现。但是，如何平衡这个问题的法律意义和商务意义，建议及时听取法律专业人士的意见，以综合确定。

（3）另有需要关注的细节是，保持就某一事项在不同约定条款的统一性。司法实践中存在大量案例，股东之间关于某个义务的约定在不同时期、不同法律文件中出现了差异，导致争议发生后法院难以确认当事人真实的意思表示，进而给争议解决带来了难题，亦可能给自身带来不必要的风险。

第四章　法定代表人

第 26 条 | 法定代表人的资格与产生/变更办法

建议条款

法定代表人由代表公司执行公司事务的【董事/经理】担任，由【股东会/董事会】选举产生，【半数/超级多数】以上通过，其变更程序亦同。

担任法定代表人的【董事/经理】辞任的，视为同时辞去法定代表人。

公司应当在法定代表人辞任之日起三十日内确定新的法定代表人。公司变更法定代表人的，变更登记申请由变更后的法定代表人签署。

具备下列情形之一的，不得担任公司法定代表人：

（一）无民事行为能力或者限制民事行为能力；

（二）因贪污、贿赂、侵占财产、挪用财产或者破坏社会主义市场经济秩序，被判处刑罚，或者因犯罪被剥夺政治权利，执行期满未逾五年，被宣告缓刑的，自缓刑考验期满之日起未逾二年；

（三）担任破产清算的公司、企业的董事或者厂长、经理，对该公司、企业的破产负有个人责任的，自该公司、企业破产清算完结之日起未逾三年；

（四）担任因违法被吊销营业执照、责令关闭的公司、企业的法定代表人，并负有个人责任的，自该公司、企业被吊销营业执照、责令关闭之日起未逾三年；

（五）个人因所负数额较大债务到期未清偿被人民法院列为失信被执行人。

法律依据和修改对照

法律依据：《公司法》第10条。

修改对照：相比于《公司法》（2018年），《公司法》第10条明确规定公司法定代表人由代表公司执行公司事务的董事或经理担任，并新增法定代表人的辞任及补任规则。

主要修改内容

1. 公司需明确法定代表人的产生和变更方法。《公司法》规定，法定代表人由代表公司执行公司事务的董事或经理担任，同时规定，公司章程中应明确法定代表人的产生和变更方法，即经过股东会或董事会权力机关选举产生还是由哪位股东委派产生。

2. 新增法定代表人辞任及补任规则。由于【董事/经理】辞任不需要公司同意，因此一旦辞去董事或经理职务，视为同时辞去法定代表人职务；同时要求公司在30日内补选法定代表人，同时由变更后的法定代表人签署变更申请文件，办理商事信息变更登记。

修改注意事项

法定代表人的辞任与改选是关乎公司经营管理的重大事项，公司和全体股东应当尤其关注该事项，通过在公司章程中完善相应辞任与改选条款来确保公司完成法定代表人的交替，对维持公司持续经营和保障全体股东利益具有重大意义。

对于公司而言，首先需要通过公司章程明确法定代表人由某一特定主体担任。例如，可规定董事长兼任法定代表人，尽量不要模糊规定法定代表人“由董事长或者总经理担任”，一般而言董事长是由股东会选举产生或者股东指定，而总经理是由董事会选举产生，两者的产生方式并不相同，故前述条款就可能造成争议。在此基础上，公司章程中可以进一步规定该法定代表人的辞任规则和辞任之后的改选规则。

对于股东而言，确保法定代表人的正常交替是有利于维护全体股东的整体利益的，《公司法》第 10 条规定一定程度上可以防止公司陷入治理僵局。但需要注意的是，《公司法》没有规定公司在法定代表人辞任 30 日后未选出法定代表人的相应罚则，导致实践中仍可能会出现长期选不出新法定代表人的现象。对此，股东可以在投资协议中明确约定法定代表人的改选规则和相应违约责任，以真正落实及时改选法定代表人的公司法要求，维护公司和全体股东的利益。

公司应当根据自己的实际情况，用好这个意思自治条款。

对实践的影响

1. 法定代表人的职务依附于执行公司事务的董事、经理等职位，解决此前实践中公司任用与公司不相关的其他人担任公司法定代表人的乱象。

2. 就公司内部而言，公司与法定代表人之间为委托法律关系，故公司依据公司章程规定免去法定代表人的职务或者法定代表人辞任的，法定代表人的代表权即告终止。董事、经理的辞职本身是单方法律行为，只要辞职通知送达给公司即可，无须公司同意或者批准。因此，担任公司董事或者经理同时又是公司法定代表人的，在辞去董事、经理的职务后，依法律规定视为同时辞去法定代表人职务。这既解决了现实中法定代表人辞去董事职务却不辞去法定代表人职务的难题，也解决了法定代表人想要辞职而不能的难题。同理，公司免去其董事、经理职务，也应当一并免去其法定代表人职务。

3. 法定代表人的补任机制也解决了很大的实际问题，为防止公司僵局和商事信息登记困难给予了解决方案。

从原法定代表人角度讲，公司负有办理法定代表人工商变更登记的法定义务，故在公司依据公司章程规定改选法定代表人之后，公司应当依法及时办理相应工商变更登记。公司不履行该义务的，原法定代表人有权诉请涤除公司登记以维护自身合法权益。最高人民法院（2022）最高法民再94号民事判决认为，韦某兵被免职后，其个人不具有办理法定代表人变更登记的主体资格，某塔公司亦不依法向公司注册地工商行政管理机关提交变更申请以及相关文件，导致韦某兵在被免职后仍然对外登记公示为公司法定代表人，在某塔公司相关诉讼中被限制高消费等，已经给韦某兵的生活造成实际影响，侵害了其合法权益。除提起本案诉讼外，韦某兵已无其他救济途径，故韦某兵请求某塔公司办理工商变更登记，依法有据，应予支持。

4. 鉴于《民法典》和《公司法》规定法定代表人权限极大，对外可以代表公司，且实行概括性、“一揽子”授权，这区别于其他国家董事对外代表公司，但多数不是“一揽子”概括性授权，而是采取单项授权的方式，因此法定代表人的产生和变更程序非常重要，实践中也出现了大量法定代表人滥用职权，损害公司利益的情形。法定代表人的产生和变更办法属于意思自治条款，公司应当根据自己的情况来决定。

如董事担任的，可以规定由股东会或董事会选举产生，可以是过半数通过，也可以是超级多数通过；也可以不经过选举程序，由某位股东委派产生。如经理担任的，也可以按照上述程序进行。如果公司股权结构相对分散，规定联席董事共同作为法定代表，对外代表公司也是可行的。

第 27 条 | 法定代表人的职权

建议条款

法定代表人以公司名义从事的民事活动，其法律后果由公司承受。法定代表人因执行职务造成他人损害的，由公司承担民事责任。公司承担民事责任后，依照法律或者公司章程的规定，可以向有过错的法定代表人追偿。

公司章程或者股东会对法定代表人职权进行如下限制：

（一）未经【股东会/董事会】同意，不得对外签署对外担保、对外投资合同。

（二）对外从事的行为不得超过公司对董事会授权的范围。

（三）法律、法规规定必须由公司法定代表人行使的职责，不得委托他人代行。除上述之外，未经【股东会/董事会】同意，不得转委托。

（四）不得作出违背公司股东会、董事会决议的行为。

法律依据和修改对照

法律依据：《公司法》第 11 条。

修改对照：《公司法》第 11 条系新增条款。根据民法关于代理的基本原理，公司与法定代表人之间系委托代理关系，为职务代理（公司董事或经理基于担任公司法定代表人的职务获得的法律规定的代理权）。公司是委托人，法定代表人是职务代理人。

《民法典》规定，代理人在代理权限内，以被代理人名义实施的民事法律行为，对被代理人发生效力，即公司承担代理人行为的法律后果。代理人不履行或者不完全履行职责，造成被代理人损害的，应当承担民事责任。代理人和相对人恶意串通，损害被代理人合法权益的，代理人和相对人应当承担连带责任。

《民法典》规定的转委托、无权代理、越权代理以及表见代理的内容均适用于公司与法定代表人之间的权利义务关系。

主要修改内容

1. 法定代表人的职权源于法律和公司章程的规定，法定代表人对外职务行为即公司行为，其后果由公司承受，对法定代表人超越其职权的行为，应参考《公司法》第 11 条和《民法典》关于执行工作任务人员的相关规定。

2. 股东会和公司章程对法定代表人的职权的限制，不能对抗善意第三人。

3. 关于善意第三人，相对人是根据合同的相对性原则确定的交易对方，法律上的善意是以行为人作出相关行为时是否“应当”或者“应当知道”某一事实或前提为标准。

修改注意事项

法定代表人的职权属于职务代理，公司需根据实际情况，确定好法定代表人的职权，哪些可以做，哪些不能做，要有明确的表述；同时注意如何增强这种限制在实践中的法律后果，防止因法定代表人滥用职权，公司章程中的限制对善意第三人无效而导致公司利益受损。

对实践的影响

1. 由于我国《公司法》规定的法定代表人职权过大，其在实践中也成为一把双刃剑。除家族企业外，建议公司章程对法定代表人的职权作出明确的约定，一方面防止权利滥用，另一方面对法定代表人本身的风险承担也是一种保护。

可以借鉴的职权表达方式有两种：一是明确规定哪些不能做，即负面清单；二是明确约定可以做的范畴，明确约定之外的事项要做单独授权。

2. 如何区分法定代表人的行为是个人行为还是代表公司的职务行为？

公司法定代表人是由自然人担任，应区分法定代表人的行为是个人行为还是代表公司的职务行为，因此，在实践中进行判断区别对公司是否承担责任就十分重要。一般认为，法定代表人的代表行为的构成要件包括：具有法定代表人的身份；以公司名义；在公司章程和法律规定的范围内。

如何判断法定代表人是以公司名义所做的行为，如签订合同，一般以是否加盖公章作为判断标准。例如，最高人民法院（2018）最高法民再302号民事判决认为，公司的法定代表人有权代表公司在合同上签字并加盖公章，即使其以公司名义对外签订合同时加盖的公章为其私刻，但如果没有证据证明合同相对方存在故意或者重大过失的，公司仍应对其行为承担法律后果。公司以其法定代表人无权从事该行为进行抗辩的，应当举证证明合同相对方明知该法定代表人无权代表或者存在其他重大过失。

3. 为防止公司章程中对法定代表人职权的限制对善意第三人无效，公司在与关键第三人作出交易时，需主动、明确、及时提示公司章程中对法定代表人职权有限制，使其知道或者应当知道该等限制，由此无法借用该条款主张权利，从而免除公司的损失。

第五章　公司组织机构

第 28 条 | 股东会的职权

建议条款

股东会由全体股东组成，是公司的权力机构，行使下列职权：

（一）选举和更换董事、监事，决定有关董事、监事的报酬事项；

（二）审议批准董事会的报告；

（三）审议批准监事会的报告；

（四）审议批准公司的利润分配方案和弥补亏损方案；

（五）对公司增加或者减少注册资本作出决议；

（六）对发行公司债券作出决议/以股东会决议的方式授权董事会对发行公司债券作出决议；

（七）对公司合并、分立、解散、清算或者变更公司形式作出决议；

（八）修改公司章程；

（九）对公司向其他企业投资或为他人提供担保作出决议；

（十）对公司为公司股东、实控人及其关联方提供担保作出决议；

（十一）对公司一年内购买、出售重大资产的金额超过公司资产总额百分之【 】的事项作出决议；

（十二）对公司董事、监事、高级管理人员及其关联方，直接或者间接与本公司订立合同或者进行交易的事项作出决议；

（十三）对公司董事、监事、高级管理人员利用职务便利为自己或者他人谋取属于公司的商业机会作出决议；

（十四）对公司董事、监事、高级管理人员自营或者为他人经营与公司同类的业务作出决议。

对本条第一款所列事项股东以书面形式一致表示同意的，可以不召开股东会会议，直接作出决定，并由全体股东在决定文件上签名或者盖章。

法律依据和修改对照

法律依据：《公司法》第 15 条、第 59 条、第 60 条、第 89 条、第 182 条、第 183 条、第 184 条。

修改对照：

（1）相比于《公司法》（2018 年）第 37 条，《公司法》第 59 条有以下变化：其一，删去股东会“决定公司的经营方针和投资计划”的职权；其二，删去股东会“审议批准公司的年度财务预算方案、决算方案”的职权；其三，增加了“股东会可以授权董事会对发行公司债券作出决议”的规定。

（2）相比于《公司法》（2018 年）第 148 条，《公司法》第 182 条、第 183 条及第 184 条，将豁免公司董监高与公司自我交易、谋取公司商业机会、与公司同业竞争的职权，由原来的股东会独占，变更为可由公司章程规定属于股东会或董事会。

主要修改内容

1. 根据《公司法》第 59 条对股东会职权的删减，在公司章程中进行相应的调整。

2. 可以考虑将审议公司向其他企业投资、为他人担保、转让公司主要资产，以及豁免公司董监高与公司自我交易、谋取公司商业机会、与公司同业竞争的职权，集中列入公司章程的股东会职权范围条款内。这些职权散见于《公司法》其他条款，在公司章程中集中规定，便于查阅使用公司章程。

修改注意事项

1. 只有一个股东的有限责任公司不设股东会，由股东行使股东会职权，公司章程作相应调整即可。股东作出决定时，应当采用书面形式，并由股东签名或者盖章后置备于公司。

2. 建议条款第 1 款第 9 项、第 13 项、第 14 项亦可设定为董事会的职权。

3. 股东会和董事会职权的划分，是公司治理中的基本问题。在修改公司章程中股东会职权条款时，要意识到公司治理中的“董事会中心主义”已经在《公司法》条文中得以落实。因此，《公司法》已经删减的股东会职权，在公司章程中也应当删减。

《公司法》对股东会职权的调整，有以下两种体现形式：(1) 直接删去股东会的职权，将相应职权调整为董事会职权。例如，删去股东会“决定公司的经营方针和投资计划”的职权，保留董事会的“决定公司的经营计划和投资方案”职权，实际上是将公司的经营、投资权限进一步下放至董事会，避免两会职权边界不清。(2) 将原有的由股东会独占的职权，明确为可以由股东会授权给董事会的职权（发行公司债券），或者可以由公司章程规定为董事会独占的职权（豁免董监高的某些涉嫌损害公司利益的行为）。就某个股东而言，其在股东会的表决权重和在董事会的话语权重未必一致，所以某些在股东会能通过的事情，在董事会未必能通过；反之亦然。因此，股东在参与制定和修改公司章程时，如果仅从提高自身对公司决策的影响力的角度考虑，应当根据自身在股东会及董事会的不同话语权重，尽可能将上述第二类事项的决议权，列入自己话语权更大的公司机构的职权范围内。

为避免股东会的董事会职权边界不清，应尽可能使用数字明确相关事项。例如，按照《公司法》第 89 条的规定，转让公司主要财产应当属于股东会职权范围。公司可以根据自身情况，在公司章程中对“主要财产”的标准用数字予以明确。

对实践的影响

1. 在股东会职权范围内的事项，应当经过股东会决议才产生相应的法律效力，其他文件不能替代股东会决议。例如，某公司仅有两名股东，两名股东及公司通过投资协议约定，公司财务数据达到某一数值后，当年应按确定比例以现金分配利润。某年该公司财务数据达标，符合投资协议约定的利润分配条件，其中，小股东要求依约分配利润，大股东不同意分配利润，公司因而未能形成分配利润的股东会决议，未能实际分配利润。此时，若小股东对大股东和公司提起诉讼，要求公司按照投资协议约定分配利润，法院有可能会以股东会未作出利润分配决议为由驳回小股东的诉讼请求。

2. 法定的股东会职权和公司章程另行规定的股东会职权，对外效力有差别。我们知道，某一事项如果被列入股东会职权范围内，就形成了对法定代表人代表权的限制，公司法定代表人就不能擅自代表公司决定该事项，否则就形成越权代表行为。相对方在和公司交易时，如果不知道（也不应当知道）公司法定代表人存在越权代表，则交易的效力不受越权代表的影响；反之，则公司可以不认可该交易的效力。如何判定交易相对方是否应当知道法定代表人越权？依照《民法典合同编通则解释》第 20 条的规定，合同所涉及的事项，超越法律、法规对法定代表人权限的限制，则推定交易相对方知道这一限制；合同所涉及的事项，没有超越法律、法规对法定代表人权限的限制，但超越了公司章程或公司权力机构对法定代表人代表权的限制，则不能推定交易相对方知道或应当知道这一限制。从这个意义上讲，法定的股东会职权和公司章程另行规定的股东会职权，对外效力有明显差别。举例而言，未经股东会决议批准的对外担保，公司可以不认可担保的效力，因为批准担保这一职权是法定的股东会（董事会）决议事项，外人当然知晓。又如，某公司章程规定 300 万元以上交易须经股东会批准，但法人代表人未经公司股东会决议，与相对方签署了标的额 350 万元的合同。虽然法定代表人的行为越权，但是因该事项并非法定的股东会职权，外人并非当然知晓这一限制，所以公司就不能主张交易相对方知道法定代表人越权，不能据此主张交易行为无效。

第 29 条 | 股东会召集和通知

建议条款

首次股东会会议由出资最多的股东召集和主持。

除首次股东会会议外，股东会会议分为定期会议和临时会议。定期会议每年一次，于每年【 】月【 】日前召开。

公司有下列情形之一的，应当召开临时股东会会议：

（一）代表十分之一以上表决权的股东提议召开时；

（二）三分之一以上的董事提议召开时；

（三）监事会提议召开时；

（四）董事人数不足三人或者公司章程规定的董事会总人数的三分之二时；

（五）其他情形。

股东会会议由董事会召集，董事长主持；董事长不能履行职务或者不履行职务的，由副董事长主持；副董事长不能履行职务或者不履行职务的，由过半数的董事共同推举一名董事主持。

董事会不能履行或者不履行召集股东会会议职责的，由监事会召集和主持；监事会不召集和主持的，代表十分之一以上表决权的股东可以自行召集和主持。定期会议召开期限届满【　】日前，或者出现应当召开临时股东会会议的情形后【　】日内，董事会未召集股东会的，应当认定为董事会不能履行或者不履行召集股东会会议职责。定期会议召开期限届满，或者出现应当召开临时股东会会议的情形后【　】日内，监事会未召集股东会的，应当认定为监事会不召集和主持股东会。如有其他确切证据能够证明董事会不能履行或者不履行召集股东会会议职责，或者能够证明监事会不召集和主持的，后一顺位召集人可不受上述时限限制而履行召集职责。

董事会、监事会应当在股东会定期会议召集前向召集人提出职责范围内的报告和提案。股东可以在股东会定期会议召集前向召集人提出提案。提议召开临时股东会会议的董事、监事会及股东，应当在提议召开临时股东会会议时向召集人提出提案。股东可以在股东会召开【　】日前向召集人提出临时提案。所有提案均应当有明确议题和具体决议事项，不得违反法律、行政法规或者公司章程的规定，且属于股东会职权范围，否则召集人应当拒绝将该提案提交股东会审议。

召开股东会会议，会议召集人应当在会议召开【　】日前，将会议召开时间和地点、审议的事项、会议议程等相关内容通知全体股东。会议召集人应当在收到临时提案后【　】日内通知其他股东，并将该临时提案提交股东会审议。通知方式可以是纸质函件及电子通信方式。全体股东一致同意的情况下，可以不按照上述时限和方式提前通知。

法律依据和修改对照

法律依据：《公司法》第 61 条、第 62 条、第 63 条、第 64 条，以及第 113 条、第 115 条。

修改对照：

（1）相比于《公司法》（2018 年）第 39 条，《公司法》第 62 条将“监事会或者不设监事会的公司的监事”修改为“监事会”。

（2）相比于《公司法》（2018 年）第 40 条，《公司法》第 63 条将“由半数以上董事共同推举一名董事主持”修改为“由过半数的董事共同推举一名董事主持”，并将“董事会或者执行董事”修改为“董事会”。

主要修改内容

1. 依据上述《公司法》的修改，对公司章程进行相应修改。

2. 在《公司法》第 62 条规定的三类应当召开临时股东会会议的情形之外，参照《公司法》有关股份公司的规定，增加规定应当召开临时股东会会议的情形。

3. 对董事会、监事会不召集股东会的认定标准予以明确，以便下一顺位的主体及时行使召集股东会的职权。

4. 对享有提案权的主体进行规定，并结合股份公司相关规定，对提案的标准予以规定。

5. 对公司应当如何通知股东召开股东会会议进行相对具体的规定。

6.《公司法》第64条规定，召开股东会会议，应当于会议召开15日前通知全体股东，但是公司章程另有规定或者全体股东另有约定的除外。因此，对于股东会会议召开前的通知日期，公司章程可以进行规定，若全体股东另有约定的，应与公司章程一致。

修改注意事项

1. 对于有限责任公司而言，除了《公司法》第62条规定的三类应当召开临时股东会会议的情形，公司实际上仍然有一些相对常见的需要召开临时股东会会议的情形。法律没有禁止公司章程增设应当召开临时股东会会议的情形，因此，建议将董事人数不足等情形列为应当召开临时股东会会议的情形。

2. 为了使公司章程具有更强的可操作性，避免程序上的瑕疵，应当将认定董事会不能履行或者不履行召集股东会会议职责的标准，以及认定监事会不召集和主持的标准，予以具体化、明确化。

3.《公司法》对有限责任公司具体什么人在什么情形下享有提案权，没有明确规定，对有限责任公司的提案的标准和门槛也没有规定，为了使公司章程更具实用性，建议对相关标准在公司章程中予以明确。

4. 建议在公司章程中对公司如何向股东发出会议通知作出较为详细的规定。

5.《公司法》第 75 条规定了规模较小或者股东人数较少的有限责任公司，可以不设董事会，设一名董事，行使董事会的职权；第 83 条规定了规模较小或者股东人数较少的有限责任公司，可以不设监事会，设一名监事，行使监事的职权。因此，如果公司存在前述情况的，公司章程相应部分可以调整为：

股东会会议由董事召集、主持；董事不能履行、不履行召集股东会会议职责的，由【监事会/监事】召集、主持；【监事会/监事】不召集、主持的，代表十分之一以上表决权的股东可以自行召集、主持。

定期会议召开期限届满【　】日前，或者出现应当召开临时股东会的情形后【　　】日内，董事未召集股东会的，应当认定为董事不能履行或者不履行召集股东会会议职责。定期会议召开期限届满，或者出现应当召开临时股东会会议的情形后【　　】日内，【监事会/监事】未召集股东会的，应当认定为【监事会/监事】不召集和主持股东会。如有其他确切证据能够证明董事不能履行或者不履行召集股东会会议职责，或者能够证明【监事会/监事】不召集和主持的，后一顺位召集人可不受上述时限限制而履行召集职责。

董事、【监事会/监事】应当在股东会定期会议召集前向召集人提出职责范围内的报告和提案。股东可以在股东会定期会议召集前向召集人提出提案。提议召开临时股东会会议的董事、【监事会/监事】及股东，应当在提议召开临时股东会会议时向召集人提出提案。股东可以在股东会召开【　】日前向召集人提出临时提案。所有提案均应当有明确议题和具体决议事项，不得违反法律、行政法规或者公司章程的规定，且属于股东会职权范围，否则召集人应当拒绝将该提案提交股东会审议。

6.《公司法》第83条亦规定公司经全体股东一致同意，也可以不设监事。因此，若公司存在不设监事的情况，前述条款亦做相应调整即可。

对实践的影响

股东会的召集和通知程序，尤为容易引起公司决议纠纷。其中一项非常重要的原因就是公司在制定公司章程时简单照搬照抄法律规定，对召集和通知程序规定过于粗放，导致相关标准不明确，缺乏可操作性。因此，结合相关规定和判例，科学、细致地对召集和通知程序进行规定，是一项非常具有实益的工作。

第30条 | 股东会召开流程

建议条款

股东会可以以现场方式召开，也可以采用电子通信方式召开。

股东委托代理人出席股东会会议的，应当明确代理人代理的事项、权限和期限；代理人应当向公司提交股东授权委托书，并在授权范围内行使表决权。

股东会应当对所议事项的决定作成会议记录，出席会议的股东应当在会议记录上签名或者盖章。

法律依据和修改对照

法律依据：《公司法》第24条、第64条、第118条、第119条。

修改对照：《公司法》第24条明确股东会、董事会、监事会召开会议和表决可以采用电子通信的方式，但公司章程另有规定的除外。本条为《公司法》新增条款，但非严格意义上的全新规则。2022年修订的《上市公司股东大会规则》第20条第2款规定："股东大会应当设置会场，以现场会议形式召开，并应当按照法律、行政法规、中国证监会或公司章程的规定，采用安全、经济、便捷的网络和其他方式为股东参加股东大会提供便利。股东通过上述方式参加股东大会的，视为出席。"根据该条规定，上市公司应采用网络和其他方式为股东参加股东会提供便利。

主要修改内容

1. 依照《公司法》第24条、第64条的修改，对公司章程进行相应修改。

2. 参照《公司法》第118条和第119条有关股份公司股东会的会议授权规范及会议记录存档规范，在公司章程中明确有限责任公司股东会的相应事项。

3. 明确主持人对参会人员的身份及所持表决权的核对程序。

4. 明确议案宣读、议案说明、股东发表意见及投票的议事程序。

修改注意事项

1. 公司法对于本条电子通信的具体方式尚无明确规定，根据《中华人民共和国电信条例》的规定，电信是指"利用有线、无线的电磁系统或者光电系统，传送、发射或者接收语音、文字、数据、图像以及其他任何形式信息的活动"。可见，短信、电子邮件、视频、电话、微信都属于电子通信方式范畴。此处所指的电子通信应当具有即时性，即两人以上使用互联网或移动通信技术实时传递文字或者图像消息，以及语音或者视频交流，如视频会议、语音会议等。

2. 如果有限责任公司不同意以电子通信方式召开会议，应当在公司章程中明确不得以这种方式开会，因为《公司法》默认可以这种方式开会，但公司章程另有规定的除外。由此也可见电子通信仅是会议召开的一种形式，无论采用电子通信还是以线下面对面形式召开“三会”，其在会议召集方式、通知时间规定、会议记录、会议人员签字盖章等程序上要求均是一致的。

3. 对于可使用电子通信方式召开“三会”的公司，建议于公司章程中进行明确约定：各股东一致同意，公司股东会、董事会、监事会可采用电子通信方式召开会议，采用该方式时应当选择腾讯会议、微信会议等实时视频方式，会议全程录音录像。会议结束后，由主持人将会议记录发送会议内部沟通群，各股东确认无误后于群内回复，回复的即视为认可会议记录所载内容。如决议事项需书面签署，主持人或指定人员需在会议结束后及确定的日期内将书面决议递送各股东，完成书面决议的补签程序。

对实践的影响

1. 和现场会议相比，电子通信会议在证据留存、沟通深入度等方面存在一定程度的提高空间，但是，电子通信方式已经成为一种主流的沟通方式。在使用电子通信方式召开公司会议时，应当尽可能采用便于参会人员充分表达意见的方式（如尽可能采用视频沟通），以及便于保留会议痕迹的沟通方式。

2. 以电子通信方式召开会议的，在正式会议开始前，建议主持人应当通过视频核对参会人员身份，各参会人应保证面部全部入镜，并保证视频质量的清晰、稳定；如股东、董事或监事委托他人参会的，应将书面授权委托书原件及受托人的身份证复印件等于会议召开前5日书面送达召集人。有限公司表决程序的特点，决定了出席会议的股东所持表决权必须达到一定比例，才有可能作出有效决议。因此，会前核对出席人员身份及所持表决权是必要的程序。

3. 以电子通信方式召开会议的，应当对会议的全程录音录像作为会议记录的一部分；除此之外，还应当对会议的召集、会议群内的内容等进行录像，该记录亦作为会议记录的一部分。

第 31 条 | 股东会的提案

建议条款

召开定期股东会会议，股东有权在股东会召开前【　　】日向【董事会/董事】提出书面提案；召开临时股东会会议，股东有权在股东会召开前【　】日向【董事会/董事】提出书面提案。提案内容应当属于公司章程规定的股东会职权范围内的事项，至少载明提案人的姓名或名称、所持股权比例、提案的具体内容及理由等事项，附上与提案有关的材料（如有），并由提案股东签名或者盖章。提案人向【董事会/董事】提交的议案应完整、准确、详尽，并且提案人要对其所提供信息资料的真实性、准确性、完整性负责。

【董事会/董事】应当在收到提案后【　】日内决定是否将提案列入股东会议程，并书面通知提案股东。如果【董事会/董事】

决定不将提案列入股东会议程，应当向提案股东说明理由。提案股东有权在股东会上就其提案进行陈述，并提请股东会就【董事会/董事】的该项决定进行审议。

股东会审议提案时，应当给予提案股东充分的时间进行说明，并保证提案得到公平的讨论和表决。

法律依据和修改对照

《公司法》并未在“有限责任公司”层面就股东会的提案权事宜进行明确规定。

修改注意事项

此处可参考股份有限公司临时提案权的相关规定进行条款设计，如公司存在持股平台、部分关键股东以持股比例较低的方式出现，则可根据实际情况修改临时提案股东持股比例的下限。

对实践的影响

1. 有限责任公司更加强调“人合性”以及管理层的意志，因此实践中存在有限责任公司章程对提出临时提案的股东持股比例或者持股期间进行限制，该等条款的效力有待明确。例如，上海市奉贤区人民法院（2017）沪0120民初13112号民事判决认为，某生物公司章程关于提出临时提案的股东需要连续持股90日的规定无效，原因是没有法律依据且限制了部分股东依法享有的临时提案权。

2. 公司章程中亦可规定董事会的提案权，如董事长、1/3以上董事有权提出涉及公司整体战略、重大决策等方面的提案。董事会的专门委员会也可以基于其专业领域提出相关提案；规定监事会的提案权，如监事会作为监督机构，可以提出关于公司治理、内部控制、高级管理人员行为监督等方面的提案。

第 32 条 | 股东会决议事项表决及决议产生办法

建议条款

股东会会议由股东按照【认缴/实缴】的出资比例行使表决权。

股东会作出决议，应当经代表过半数表决权的股东通过。

股东会审议公司章程约定的第【28】条【股东会的职权】第一款第十项、第十二项、第十三项、第十四项所列事项，与所议事项有关联关系的股东不得参加表决。该项决议应经出席会议的其他股东所持表决权过半数通过。

公司章程约定的第【28】条【股东会的职权】第一款第五项、第六项、第七项、第八项所列事项，应当经代表三分之二以上表决权的股东通过。

股东可以亲自出席股东会会议，也可以委托代理人出席并代为行使表决权。委托代理人应当出具书面授权委托书，并在授权范围内行使表决权。

法律依据和修改对照

法律依据：《公司法》第 15 条、第 65 条、第 66 条。

修改对照：相比于《公司法》（2018 年）第 43 条，《公司法》第 66 条增加了“股东会作出决议，应当经代表过半数表决权的股东通过”的规定。

主要修改内容

1. 依据《公司法》第 65 条但书规定，将法律规定的“股东会会议由股东按照出资比例行使表决权”在公司章程中具体化为“股东会会议由股东按照认缴的出资比例行使表决权”，或者“按照实缴的出资比例行使表决权”，也可以在公司章程中规定按照其他标准来确定股东的表决权权重。

2. 将《公司法》第 66 条新增的内容，在公司章程中予以规定。

3. 根据《公司法》第 15 条的规定，公司为公司股东或者实际控制人提供担保的，应当经股东会决议，且被担保的股东或者实际控制人在表决时应回避。修订公司章程时，可以参照《公司法》第 15 条的规定，对需要关联股东回避表决的事项在本条集中规定。

修改注意事项

1.《公司法》第 65 条规定：“股东会会议由股东按照出资比例行使表决权；但是，公司章程另有规定的除外。”如果直接在公司章程中套用该规定的前半句，会产生“出资比例”是实缴出资比例还是认缴出资比例的疑问。虽然从《九民纪要》第 7 条可以推导出，在默认状态下，此处的出资比例是“认缴出资比例”，但是法律条文本身语义的不明仍然客观存在。因此，建议在公司章程中对这个问题进行明确。当然，除了规定按照认缴、实缴出资比例确定表决权，还可以规定按照其他客观标准来确定各股东的表决权，有限公司股东表决权可以“同股不同权”。

2. “股东会作出决议，应当经代表过半数表决权的股东通过”系《公司法》新增条款，《公司法》（2018 年）及以前的法律并没有这项规定。此前的很多公司章程，也没有这项规定。修订公司章程，应该吸收这个规定，以避免争议。

3. 公司章程还可以对需要关联股东回避表决的决议事项集中作出规定。《公司法》第 15 条明确规定，公司为股东或实际控制人提供担保的，由股东会表决，被担保的股东或者实际控制人在表决时应回避。对于董监高和公司自我交易、谋取公司机会以及与公司竞业行为，根据《公司法》第 182 ~ 184 条的规定，这些事项须经董事会或股东会批准，具体由哪个机构批准，由公司章程约定。根据《公司法》第 185 条的规定，如果上述事项是由董事会决议，则关联董事不得参与表决。如果是由股东会对此类事项作出决议，关联股东是否需要回避，《公司法》没有直接规定。建议参照《公司法》第 15 条及第 185 条的规定，由股东会对董监高的自我交易等行为进行表决时，关联股东应当回避。

对实践的影响

1. 实践中，要注意有限责任公司和股份公司股东会决议通过比例的基数不同。有限公司决议通过比例的基数是公司全体股东所持表决权，而股份公司是出席会议的股东所持表决权。有限公司的一个特殊事项是对关联股东提供担保时，决议通过比例的基数是出席会议的其他股东所持表决权。

2. 对于有限公司决议来说，以公司全体股东所持表决权作为计算基数，意味着出席会议的股东所持表决权必须超过公司全部表决权半数或者达到 2/3，出席人数所代表的表决权不足，股东会决议就不能成立。股份公司一般不存在这个问题。

3. 过半数意味着必须大于50%，而2/3以上意味着达到2/3就可以。

4. 公司章程将特别决议的通过比例规定为高于2/3，甚至是百分之百，一般来说，约定更高的通过比例，不违反法律的强制性规定，并不当然无效。但是，约定过高的比例，往往会导致公司治理中的资本多数决原则丧失，可能被裁判者所不认可。例如，在湖北省武汉市中级人民法院（2020）鄂01民终3694号民事判决认为，公司章程约定“决议应由全体股东表决通过”，人民法院认为该表述的意思是“只要全体股东参与表决”即可，而不是必须经过全体股东同意。因此，建议一般不要约定过高的表决比例，否则容易形成公司僵局。如果一定要约定高比例，那就要把措辞表述到位，正面表述之后，再加上反面表述，排除歧义。

第 33 条 ｜ 董事会的组成和产生方式

建议条款

公司设董事会，由【　　】名董事组成。非职工代表担任的董事由股东按照认缴出资比例推荐，经股东会选举产生，其中，股东【　】推荐【　】名董事，股东【　】推荐【　】名董事……董事会设职工董事【　】名，由职工代表大会、职工大会或者其他形式民主产生。

董事会设董事长一名，副董事长【　】名。

董事每届任期【　】，届满可连选连任。

法律依据和修改对照

法律依据：《公司法》第68条、第69条、第70条。

修改对照：

（1）本次《公司法》修订，借鉴上市公司治理体制的经验，规定有限责任可以在董事会中设置由董事组成的审计委员会，同时规定设置审计委员会的，不再设监事会或监事（《公司法》第69条）。

（2）相比于《公司法》（2018年）第44条，《公司法》第68条取消了有限责任公司董事会成员13人的上限，规定为董事会成员为3人以上，不设上限。

主要修改内容

1. 对于董事会的组成和产生方式，主要关注是设置董事会还是只设置董事；另外需要关注是否设置审计委员会。同时，建议在公司章程中明确，担任审计委员会委员的董事由股东会确定。

2. 《公司法》第68条规定职工人数300人以上的有限责任公司，除依法设监事会并有公司职工代表的外，其董事会成员中应当有公司职工代表。

修改注意事项

1. 对于董事会席位的产生，需要写清楚具体由哪些股东推荐，而非直接委派。

2. 董事会审计委员会的设置属于可选择事项，如果设置了审计委员会，就需要相应规定不再设立监事会和监事。

3. 职工董事由职工通过民主方式产生，并不需要股东会的确认。

4.《公司法》第70条规定，董事任期由公司章程规定，但每届任期不得超过3年。董事任期届满，连选可以连任。

对实践的影响

《公司法》规定的董事会审计委员会，虽然借鉴自上市公司，但其与目前上市公司审计委员会的职权也不太相同。实践中，需要避免简单模仿上市公司审计委员会的运行机制，而要在单层制治理结构模式下考虑审计委员会的职权和运行机制。

第 34 条 | 董事会的职权

建议条款

公司【董事会/董事】行使下列职权：

（一）召集股东会会议，并向股东会报告工作；

（二）执行股东会的决议；

（三）决定公司的经营计划和投资方案；

（四）制订公司的利润分配方案和弥补亏损方案；

（五）制订公司增加或者减少注册资本以及发行公司债券的方案；

（六）制订公司合并、分立、解散或者变更公司形式的方案；

（七）决定公司内部管理机构的设置；

（八）决定聘任或者解聘公司经理及其报酬事项，并根据经理的提名决定聘任或者解聘公司副经理、财务负责人及其报酬事项；

（九）制定公司的基本管理制度；

（十）依照股东会授权对发行公司债券作出决议；

（十一）股东会授予的其他职权。

法律依据和修改对照

法律依据：《公司法》第59条、第67条、第75条。

修改对照：本次《公司法》修订，在董事会职权方面，删了含义比较模糊的“制订公司的年度财务预算方案、决算方案”方面的职权。

主要修改内容

董事会的职权属于法定职权与股东会授权相结合，因此不能将本属于董事会的职权上收到股东会。

另外，根据《公司法》的规定，为提高公司债券融资效率和灵活性，董事会可以在股东会授权范围内对发行公司债券作出决议。

修改注意事项

作为公司的执行机构，董事会的职权除法定职权以外，还可以通过公司章程进行扩充，但这种扩充需要限定在公司经营管理权方面，不能将本应由股东会行使的权利在没有法律依据的情况下授予董事会。

对实践的影响

本次《公司法》修改，在《公司法》第67条第2款规定

“公司章程对董事会职权的限制不得对抗善意相对人”。因此，公司如果通过公司章程在对外投资额度、担保、关联交易及其他具体事项方面对董事会进行限制，需要考虑能否约束交易对手。

第 35 条 | 董事会召开流程

建议条款

董事会会议包括定期会议和临时会议，董事会每【　】至少召开【　】次定期会议。

董事会会议由董事长召集和主持；董事长不能履行职务或者不履行职务的，公司如设副董事长的，会议由副董事长召集和主持；公司不设副董事长或副董事长不能履行职务或者不履行职务的，会议由过半数的董事共同推举一名董事召集和主持。

董事会会议应当有过半数的董事出席方可举行。董事会会议，应当由董事本人出席；董事因故不能出席的，可以书面委托其他董事代为出席并行使表决权；董事不得委托非董事代为出席董事会会议，外部董事不得委托非外部董事代为出席董事会会议；每名董事只能接受【　】名董事的委托代为出席董事会会议。

董事会应当对所议事项的决定作成会议记录，出席会议的董事应当在会议记录上签名。

董事会召开会议可以采用电子通信方式。

法律依据和修改对照

法律依据：《公司法》第24条、第72条、第73条。

修改对照：本次《公司法》修订，在董事会议事方式和表决机制方面吸收股份公司的经验，规定明确董事会会议应当有过半数董事出席方可举行，董事会决议需要全体董事的过半数同意才能作出。同时，为适应互联网时代的发展要求、提高公司决策效率，规定董事会会议的召开和表决可以采用电子通信方式。

主要修改内容

根据《公司法》的规定，董事会的会议流程主要由公司章程规定，因此需要由公司章程对年度董事会会议分类、年度召开次数、董事会的召集、主持、最低出席人数、代为出席、表决等事项进行详细规定。

修改注意事项

《公司法》第24条规定："公司股东会、董事会、监事会召开会议和表决可以采用电子通信方式，公司章程另有规定的除外。"因此，如果公司不想通过电子通信方式召开董事会会议，应在公司章程中进行限制。

对实践的影响

董事会会议的代理出席，受托人应限定为公司董事，以督促董事勤勉履职。

规定董事会的电子通信方式有助于公司加快决策流程，提高管理效率，但需要注意留存相关即时通信的证据并做好会议签字确认工作。

第 36 条 | 董事会决议

建议条款

董事会会议应当有过半数的董事出席方可举行。董事会作出决议，应当经全体董事的过半数通过。

董事会决议的表决，应当一人一票。

董事会应当对所议事项的决定作成会议记录，出席会议的董事应当在会议记录上签名。

董事会作出决议时可以采用电子通信方式进行表决。

法律依据和修改对照

法律依据：《公司法》第 73 条。

修改对照：本次《公司法》修订，在有限公司层面，吸收借鉴股份公司董事会运行机制经验基础上，明确董事会决议需要全体董事的过半数同意才能作出。

主要修改内容

董事会作出决议，需要经全体董事的过半数同意。

修改注意事项

1. 董事对公司负有勤勉义务，因此董事对董事会议案不得拒绝发表意见。

2.《公司法》第 73 条新增加“董事会会议应当有过半数的董事出席方可举行。董事会作出决议，应当经全体董事的过半数通过”，即出席过半、通过过半的“双过半”的规定。这一规定确保了董事会决策的合法性和有效性，防止少数董事滥用权力或阻碍决策的实施，也可以有效防止董事会内部的小团体或派系对立，确保董事会决策的公正性和客观性，有助于维护公司治理结构的稳定，防止因内部矛盾而导致的决策僵局；《公司法》取消了有限责任公司董事人数的上限，允许公司根据实际需要灵活调整董事会规模。这一规定结合“双过半”的议事和表决程序，使得无论董事会规模如何变化，其决策和表决程序都能得到有效和公正的控制。

对实践的影响

1. 对董事会出席人数和表决人数比例的最低要求，将对董事会决议程序和实质方面争议的解决提供依据。

2. 该规定确保了董事会决策的合法性和有效性，通过明确董事的出席和同意比例，增强了决策过程的透明度和公平性；同时也有利于保护中小股东利益，有助于防止大股东利用控股地位损害公司和中小股东的利益，有助于维护公司治理的平衡。

3. 如果董事会会议的召集程序、表决方式违反了该规定，股东可以请求法院撤销相关决议，这亦会增加董事和管理层在决策过程中的法律风险意识。

第 37 条　股东会、董事会会议无效、可撤销、不成立

建议条款

公司股东会、董事会的决议内容违反法律、行政法规的无效。

公司股东会、董事会的会议召集程序、表决方式违反法律、行政法规或者公司章程，或者决议内容违反公司章程的，股东自决议作出之日起六十日内，可以请求人民法院撤销。未被通知参加股东会会议的股东自知道或者应当知道股东会决议作出之日起六十日内，可以请求人民法院撤销；自决议作出之日起一年内没有行使撤销权的，撤销权消灭。

股东会、董事会的会议召集程序或者表决方式仅有轻微瑕疵，对决议未产生实质影响的，人民法院对股东提起的撤销权请求不予支持。

有下列情形之一的，公司股东会、董事会的决议不成立：

（一）未召开股东会、董事会会议作出决议；

（二）股东会、董事会会议未对决议事项进行表决；

（三）出席会议的人数或者所持表决权数未达到《公司法》或者公司章程规定的人数或者所持表决权数；

（四）同意决议事项的人数或者所持表决权数未达到《公司法》或者公司章程规定的人数或者所持表决权数。

公司股东会、董事会决议被人民法院宣告无效、撤销或者确

认不成立的，公司应当向公司登记机关申请撤销根据该决议已办理的登记。

股东会、董事会决议被人民法院宣告无效、撤销或者确认不成立的，公司根据该决议与善意相对人形成的民事法律关系不受影响。

法律依据和修改对照

法律依据：《公司法》第25条、第26条、第27条、第28条。

修改对照：相比于《公司法》（2018年）第22条，《公司法》第26条对于股东会、董事会决议的撤销，增加了“股东会、董事会的会议召集程序或者表决方式仅有轻微瑕疵，对决议未产生实质影响的”，人民法院可不予支持的内容。另外，还新增了“未被通知参加股东会会议的股东自知道或者应当知道股东会决议作出之日起六十日内，可以请求人民法院撤销；自决议作出之日起一年内没有行使撤销权的，撤销权消灭”的内容。

《公司法》第27条吸收了《公司法解释（四）》的相关规定，增加了“（一）未召开股东会、董事会会议作出决议；（二）股东会、董事会会议未对决议事项进行表决；（三）出席会议的人数或者所持表决权数未达到本法或者公司章程规定的人数或者所持表决权数；（四）同意决议事项的人数或者所持表决权数未达到本法或者公司章程规定的人数或者所持表决权数。”四类股东会、董事会决议不成立的情形。

对于股东会、董事会决议无效、撤销和不成立的后果，《公司法》第28条增加了“股东会、董事会决议被人民法院宣告无效、撤销或者确认不成立的，公司根据该决议与善意相对人形成的民事法律关系不受影响”之规定。

主要修改内容

对于公司章程内有关股东会、董事会决议无效、撤销和不成立的条款，需要在原有条款基础上，增加未被通知参加股东会的股东撤销权期限的起算时点及撤销权的最长行使期限；增加股东会、董事会决议不成立的事由；可明确决议无效、被撤销或者确认不成立的，公司根据该决议与善意相对人形成的民事法律关系不受影响。

修改注意事项

鉴于《公司法》对股东会、董事会决议撤销和不成立作出的重大修改，在公司章程修改中，应新设“股东会、董事会决议不成立的情形”的内容；同时建议对“未召开股东会、董事会会议作出决议”“股东会、董事会会议未对决议事项进行表决”的内容作出细化，如伪造签名、在已签字的股东会决议上私自增加内容等。

对于股东对股东会、董事会决议的撤销权，要注意和把握撤销权的行使期限，避免因超过时效而丧失胜诉权。尤其要注意，股东在对股东会、董事会决议提起撤销权诉讼的时候，一定要甄别和判断股东会、董事会决议是否仅是召集程序或者表决方式仅有轻微瑕疵，未对决议产生实质影响。若确实存在上述情况，可通过其他途径，运用多种手段予以解决。

对实践的影响

实践中，股东出现矛盾，进而利用股东会、董事会进行股东争议的情况时有发生，而公司法能赋予法官对股东会、董事会决议是否撤销有更大的自由裁量权，因而股东，特别是中小股东在发起股东会、董事会撤销权诉讼时，会面临较大的不确定性。股东在发起撤销权诉讼时，一定要谨慎判断：（1）是否仅是召集程序或者表决方式有轻微瑕疵；（2）该瑕疵未对决议产生实质影响。必要时聘请律师进行诊断，另外，要特别注意股东撤销权期限的起算时点及撤销权的最长行使期限。

《公司法》增加了股东会、董事会决议不成立的情形，实践中，股东会、董事会决议存在非本人签名或在已签字的股东会决议上私自增加内容的情形。需要注意的是，该类情形的权利受损股东应通过确认决议不成立诉讼而非决议撤销诉讼、确认无效诉讼进行维权。《最高人民法院公报》2007 年第 9 期（总第 131 期）刊登了南京市玄武区人民法院审理的张某娟诉江苏万某工贸发展有限公司、万某、吴某亮、毛某伟股东权纠纷案，该案例要旨：公司股东实际参与股东会会议并作出真实意思表示，是股东会会议及其决议有效的必要条件。虽然公司个人股东享有公司绝对多数的表决权，但并不意味着股东个人利用控制公司的便利作出的个人决策过程就等同于召开了公司股东会会议。实际控制公司的个人股东虚构股东会会议并作出股东会决议的，可认定该决议不成立，不能产生法律效力。结论：对公司享有实际控制权的股东个人利用控制公司的便利作出的个人决策过程不能代替股东会决议，由此形成的股东会决议不成立。

第 38 条 ｜ 经理的产生方式

建议条款

公司设经理，由董事会【不设董事会的公司由董事】决定聘任或者解聘。

法律依据和修改对照

法律依据：《公司法》第 74 条。

修改对照：相比于《公司法》（2018 年）第 49 条第 1 款，《公司法》第 74 条内容未作修改。

对实践的影响

1. 公司法语境中的“经理”，指由董事会聘任的高级管理人员之首，可兼任董事。经理不必然同时为公司董事，但实务中几乎都兼任董事。公司法不禁止经理兼任董事，或者说不禁止董事兼任经理（《公司法》第 75 条、第 127 条、第 128 条、第 174 条）。

2. 经理可兼任法定代表人。依据《公司法》第 10 条第 1 款的规定，经理无论兼任董事与否，都可以担任公司法定代表人。

3. 经理可能是公司员工。董监高与公司间乃委任关系，那么经理与公司间可否同时存在劳动合同关系？答案是肯定的，但不绝对。多数情况下，尤其是在国有公司中，包括经理在内的董监高往往兼为公司职工。此时，就经理的公司高级管理人员身份而言，其与公司实质上构成委托合同关系，而在经理作为普通职工的情况下，其与公司成立劳动合同关系。两种法律关系并存时，经理辞任或者解任后，劳动合同关系可继续存续。

4. 经理非有限责任公司的必设机关。“有限责任公司可以设经理”这一规定由来已久，“可以”一词意味着有限公司有权根据实际需要，自主决定是否设经理职位，这不同于《公司法》第126条第1款关于“股份有限公司设经理”的规定。修法过程中，二审稿、三审稿曾采用“有限责任公司设经理”的表述，可见立法者有态度的反复。但最终通过的文本恢复了此前的表述。

5. 经理的聘任与解聘。我国公司的董事、监事产生方式各异：普通公司的董事、监事是选举制，分别由股东会及职工代表大会、工会等民主形式选举产生；国有独资公司的董事实行委派制（《公司法》第173条）；一人公司的董事、监事由股东任命。但公司的经理均采董事会聘任、解聘机制（《公司法》第74条、第126条、第174条），如公司仅设一名董事，则由该名董事聘任或解聘。

董事会关于聘任、解聘经理的决议一经作出即生效。同《公司法》第71条有关董事无因解任制度的法理，公司董事会也得随时解任经理，但被无因解任的经理可请求公司赔偿。例如，上海市第二中级人民法院（2010）沪二中民四（商）终字第436号民事判决（入库编号2012－8－2－270－001）的裁判要点指出：“人民法院在审理公司决议撤销纠纷案件中应当审查：会议召集程序、表决方式是否违反法律、行政法规或者公司章程，以及决议内容是否违反公司章程。在未违反上述规定的前提下，解聘总经理职务的决议所依据的事实是否属实，理由是否成立，不属于司法审查范围。”

第 39 条 | 经理的职权

建议条款 1

经理根据公司【董事会/董事】的授权行使职权。

经理列席董事会会议。

建议条款 2

经理对【董事会/董事】负责，行使下列职权：

（一）主持公司的经营管理工作，并向董事报告工作；

（二）组织实施公司经营计划和投资方案；

（三）拟订公司内部管理机构设置方案；

（四）拟订公司的基本管理制度；

（五）制定公司的具体规章；

（六）提请董事聘任或者解聘公司副总经理及财务负责人；

（七）聘任或者解聘除应由【董事会/董事】聘任或者解聘以外的管理人员；

（八）拟定公司职工的工资、福利、奖惩，决定公司职工的聘用和解聘；

（九）决定正常经营所需的财务开支；

（十）公司或【董事会/董事】授予的其他职权。

经理列席董事会会议。

法律依据和修改对照

法律依据：《公司法》第74条、第75条。

修改对照：相比于《公司法》（2018年）第49条第1款，《公司法》第74条作了重大修改。

主要修改内容

《公司法》第74条删除了《公司法》（2018年）第49条中对经理职权的表述，并就经理对董事会负责，增加了“根据公司章程的规定或者董事会的授权行使职权”的表述。

修改注意事项

此次修法，调整经理职权的规范模式是确立董事会中心主义的重要环节。

1993年以来，我国公司法对经理职权一直进行明确列举，且一直以董事会授权作为兜底。2005年以后，公司章程可对经理职权另行规定。《公司法》（2018年）第49条第1款详细列举了经理的8项职权，《公司法》将经理职权定于“根据公司章程的规定或者董事会的授权行使职权”，实现了经理职权由法定到意定的转变，更契合经理作为公司辅助执行机关的定位，赋予了有限公司更多的自治空间，深刻体现了公司法对企业自治的充分尊重。

1. 经理职权来源之一：公司章程的规定

有限公司的初始章程由全体股东基于合意共同制定，其修改须经代表2/3以上表决权的股东同意。公司章程规定经理职权，再结合《公司法》第 67 条第 2 款第 10 项规定董事会职权可由公司章程规定或股东会授予，可理解为股东可在公司执行机关与其辅助机关之间进行执行权的划分。

2. 经理职权来源之二：董事会的授权

既然经理由董事会聘任、对董事会负责，且属于董事会的辅助机关，董事会自然可以根据实际情况授予经理相应职权。

3. 经理享有的职权范围

（1）公司内部的管理权限。从《公司法》（2018 年）第 49 条第 1 款规定的经理 8 项法定职权来看，公司法关注的经理职权仅指向其对内管理职能，但司法实践中更具意义的是经理的对外代理权。《公司法》对此并未作出特别规定。

（2）职务代理权限。我国关于经理代理权的立场与大陆法系基本相同，即认为经理并非公司法定代表机关，不当然享有公司代表权，其能否代表公司取决于是否担任法定代表人（《公司法》第 10 条）。未担任法定代表人的经理，对外以公司名义从事法律行为，视为公司代理人而非代表人，此时适用《民法典》第 170 条而非第 61 条、第 62 条。

当非法代理的经理对外为职务代理行为时，其代理权限限于"职权范围内"。有关"职权范围内"的界定，截至目前，我国法律并未正面回应，这一立法缺陷使经理职务代理行为中，代理权限的判定极为困难。

对实践的影响

1. 经理列席董事会是强制性规范。在公司实务中，经理往往由董事兼任，列席董事会一般不成问题。但该等主体在参加董事会时具有双重身份，一是基于董事身份“出席”董事会，二是基于经理身份“列席”董事会，二者的性质、权限及效力均不相同。

2. 将经理职权交由公司章程规定或董事会授权决定，可将经理对外的职务代理权纳入其中，而不局限于经理的内部管理职权。但由此产生的问题是，在第三人较难查询到公司章程，亦无从获悉董事会决议的情况下，易产生“表见经理”风险，对公司利益构成极大威胁。

3. 公司章程本条规定与《民法典》第170条（职务代理）、第172条（表见代理）及《民法典合同编通则解释》第21条关于职务代理的规定息息相关。此外，因本条未作出与《公司法》第67条第3款（公司章程对董事会职权的限制不得对抗善意相对人）类似的规定，在具体案件中应援引《民法典》第170条第2款的一般规则。

同时，由于经理职权是由公司章程规定或董事会授权决定的，公司更加需要规范经理行使权利的范围和程序等。公司章程中对于经理职权的规定应尽可能清晰，必要时可参考《公司法》（2018年）第49条第1款关于经理职权的规定。董事会在向经理授权时亦应尽可能明示，并以书面文件进行。交易相对人通过经理与公司进行交易时，应注意审查公司章程，或要求经理提供董事会的相关授权文件；若公司抗辩经理越权，第三人可尝试主张其构成表见代理。

第 40 条 ｜ 监事会（或监事）的产生方式

建议条款

公司设【监事会/监事】。监事会由【　】名监事组成，监事会成员应当有股东代表和不低于三分之一比例的职工代表，董事、高级管理人员不得兼任监事。监事会设监事会主席一名。监事会主席的选举或者解任由全体监事的过半数表决通过。

监事会主席召集和主持监事会会议；监事会主席不能履行职务或者不履行职务的，由半数以上监事共同推举一名监事召集和主持监事会会议。

监事由股东会选举和更换。董事、高级管理人员不得兼任监事。监事的任期每届为三年，任期届满，可连选连任。

法律依据和修改对照

法律依据：《公司法》第 69 条、第 76 条、第 83 条。

修改对照：相比于《公司法》（2018 年）第 51 条，以上条款主要有两点变化：

（1）用《公司法》第 83 条替代了《公司法》（2018 年）第 51 条第 1 款的部分内容，将规模较小或者股东人数较少的有限责任公司，可以不设监事会，设“一至二名监事”改为设“一名监事”，并增加规定“经全体股东一致同意，也可以不设监事”。

（2）衔接了新增的第 69 条规定，允许有限责任公司可以设置审计委员会行使监事会的职权，不设监事会或者监事。

主要修改内容

公司根据实际需求和《公司法》的规定选择适合自己的监督机构或不设监督机构，再根据选定的监督机构情况具体修改：

1. 公司设立监事会的，公司章程根据公司需求写明三人以上的具体监事人数，然后删除“以上”这一用语。

2. 公司只设一名监事的，公司章程中无须保留监事会的组成、监事会主席及监事会的召集与主持等内容。

3. 公司在董事会中设立审计委员会的，公司章程可写明按照公司章程的规定公司在董事会中设置由董事组成的审计委员会，行使《公司法》规定的监事会的职权，不设监事会或者监事。

4. 公司不设监督机构的，公司章程中无须保留监事会相关条款内容。

修改注意事项

有限公司设置监督机构的选项是四选一：监事会、一名监事、审计委员会、不设监督机构。只有规模较小或者股东人数较少的公司，可以不设监事会，设一名监事，行使监事会的职权；经全体股东一致同意，也可以不设监事。

对实践的影响

1. 审计委员会制度的引入，是《公司法》的亮点之一，既方便了我国公司的国际接轨和国内资本“走出去”、国外资本“走进来”，又体现了对公司自治的尊重。

2. 监事会成员应当有不低于1/3 比例的职工代表，这是《公司法》的强制性规定，该比例可以提升但不能降低，否则将导致监事会的选举无效。如上海市第二中级人民法院（2017）沪02民终891号民事判决认为：《公司法》第51条第2款规定了监事会应包括公司职工代表，说明职工代表资格是成为职工代表监事的前提，本案中魏某礼并非职工代表，因此不具备担任某翔公司职工代表监事的资格。另外，《公司法》第51条第2款亦规定职工代表的比例不得低于1/3，该比例系《公司法》上的效力性强制性规定，本案中魏某礼不具备职工代表资格，另外两名监事系股东代表，职工代表比例为零，违反前款规定，故一审法院认定系争股东会决议中任命魏某礼为某翔公司职工代表监事的条款无效，并无不当，本院予以支持。至于二上诉人认为选举职工代表监事程序合法、与会职工均有表决资格一节，因魏某礼不具备职工代表资格，无论与会职工是否具有表决资格，均无法改变监事会中无职工代表的事实，亦无法补正系争股东会决议相关条款的效力，故对于二上诉人的前述主张，本院不再处理。

第41条 | 监事会（或监事）的职权

建议条款

【监事会/监事】行使下列职权：

（一）检查公司财务；

（二）对董事、高级管理人员执行职务的行为进行监督，对违反法律、行政法规、公司章程或者股东会决议的董事、高级管理人员提出解任的建议；

（三）当董事、高级管理人员的行为损害公司的利益时，要求董事、高级管理人员予以纠正；

（四）提议召开临时股东会会议，在董事会不履行《公司法》规定的召集和主持股东会会议职责时召集和主持股东会会议；

（五）向股东会会议提出提案；

（六）依照《公司法》的规定，对董事、高级管理人员提起诉讼；

（七）发现公司经营情况异常，可以进行调查；必要时，可以聘请会计师事务所等协助其工作；

（八）可以要求董事、高级管理人员提交执行职务的报告；

（九）公司章程规定的其他职权。

法律依据和修改对照

法律依据：《公司法》第 78 条、第 79 条第 2 款、第 80 条第 1 款。

修改对照：相比于《公司法》（2018 年）第 53 条，《公司法》第 78 条有两点变化：一是将原法条第 2 项中的“罢免”改为“解任”；二是将原法条第 6 项中的“第一百五十一条”改为“第一百八十九条”。

主要修改内容

1. 相比于《公司法》（2018 年）第 54 条第 2 款，《公司法》第 79 条第 2 款删除了“不设监事会的公司的监事”。

2. 《公司法》第 80 条第 1 款是新增内容：“监事会可以要求董事、高级管理人员提交执行职务的报告。”

修改注意事项

注意监事会职权与监事职权的区别，以上建议条款规定的是监事会（或不设监事会的监事）的职权，除此之外还要注意《公司法》第79条第1款规定了监事可以单独行使的质询及建议权。

对实践的影响

1. 监事会有财务检查权，但当被监督对象拒绝或不配合监事会的监督工作时，很难通过诉讼途径解决。其原因在于《公司法》未规定相应的诉讼救济机制，法院通常也认为监事会的财务检查权是公司内部治理的范畴，法院不宜介入，监事会不享有监督职权方面的独立诉权，如重庆市第二中级人民法院（2018）渝02民终2707号民事判决即持此类观点。对于此种情况，监事会可以提出解任相关人员的建议。

2. 建议条款第8项“可以要求董事、高级管理人员提交执行职务的报告”是《公司法》第80条新增第1款的内容，该规定对监事会的职权有一定的扩张，对其履职有一定的强化作用。若董事、高级管理人员违反了本条款的规定，监事会可以提出解任建议，但监事会无权直接作出惩戒措施。

第42条 | 监事会（或监事）的议事规则

建议条款1

监事会每年度至少召开一次会议，监事可以提议召开临时监事会会议。

监事会定期会议通知应当在会议召开十日以前书面送达全体监事。监事会临时会议通知时限为三个工作日。因紧急情况，为了公司利益需要监事会即刻作出决议的，监事会主席召开临时监事会会议可以不受上列通知方式及通知时限的限制。监事会会议通知包括举行会议的日期、地点和会议期限，事由及议题，发出通知的日期。

监事会决议的表决，应当一人一票。监事会决议应当经全体监事的过半数通过。监事会表决可采用举手、投票或通信方式。监事会应当对所议事项的决定作成会议记录，出席会议的监事应当在会议记录上签名。监事会召开会议和表决可以采用电子通信方式，应遵守《公司法》及公司章程的相关规定。

建议条款2

公司设一名监事，监事作出前条所列事项的决定时，应当采用书面形式，并由监事签名后置备于公司。

法律依据和修改对照

法律依据：《公司法》第24条、第81条。

修改对照：相比于《公司法》（2018年）第55条，《公司法》第81条主要有两点变化：一是将原来的“半数以上”改为了“过半数”；二是增加规定了“监事会决议的表决，应当一人一票”。

《公司法》第24条是新增法条。

主要修改内容

1. 公司章程条款的标题及条款内容与公司选择的监督机构名称要保持一致。

2. 公司仅设一名监事的，仅保留建议条款第 2 款并可适当调整。

修改注意事项

1. 对于公司章程是否可以设定监事会决议更高的通过比例，通常认为这是公司自治的范畴，但也有观点认为过高的通过比例（比如一致决）容易造成公司僵局，应否定其效力。因此，从防止公司僵局考虑，不建议采用一致决。

2. 电子通信会议，是《公司法》新增第 24 条的内容，若公司章程没有排除本条的适用，则本条将作为默示规定产生效力。电子通信会议形式，增加了会议的便捷性，降低了会议成本，提高了会议效率。拟定公司章程时可以根据公司需求，对电子通信会议的方式、规则作出更详细的规定或在章程附属文件中规定有关内容。

对实践的影响

公司、监事要注意监事会会议记录的完整和妥善保存。《公司法》第 180 条第 2 款规定，监事对公司负有勤勉义务，因此监事会会议记录既是监事会会议实际召开的证据之一，也是监事是否勤勉履职的证据之一，该文件以后还可能成为免除或追究监事责任的重要依据。

第 43 条 | 审计委员会的设立、职权

建议条款

【提示】有限责任公司可以按照公司章程的规定在董事会中设置由董事组成的审计委员会，行使《公司法》规定的监事会的职权，不设监事会或者监事。如果设审计委员会，则相关规定可参考本条建议条款。

公司董事会中设置由董事组成的审计委员会，审计委员会独立行使下列职权：

（一）检查公司财务；

（二）对董事、高级管理人员执行职务的行为进行监督，对违反法律、行政法规、公司章程或者股东会决议的董事、高级管理人员提出解任的建议；

（三）当董事、高级管理人员的行为损害公司的利益时，要求董事、高级管理人员予以纠正；

（四）提议召开临时股东会会议，在董事会不履行《公司法》规定的召集和主持股东会会议职责时召集和主持股东会会议；

（五）向股东会会议提出提案；

（六）依照《公司法》第一百八十九条的规定，对董事、高级管理人员提起诉讼；

（七）对董事会决议事项提出质疑或建议权；

（八）公司章程规定的其他监督职权。

法律依据和修改对照

法律依据:《公司法》第69条。

修改对照:相比于《公司法》(2018年),修订后的《公司法》赋予了有限责任公司更多灵活性,允许其根据公司章程的规定,在董事会中设置审计委员会以取代监事会或监事,从而选择单层制的公司治理结构。这一调整拓宽了公司治理的多元化路径。

主要修改内容

拟通过设立审计委员会以替代监事会或监事的有限责任公司,应在公司章程中明确设立审计委员会作为公司内部监督机构,行使原监事会职权,并应详细列举审计委员会所行使的职权,确保涵盖《公司法》规定的监事会职权范围。

修改注意事项

有限责任公司拟设立审计委员会而不设监事会或监事的,应明确审计委员会在公司治理结构中的独立地位,强调其并非董事会的附属机构,而是依法独立行使原监事会职权的监督机构。同时,在公司章程中可进一步细化审计委员会的提名方式、选任程序、运作模式及议事规则等,以确保其有效且规范地运行。

对实践的影响

《公司法》实施后,有限责任公司在内部监督机构设置上将拥有更大的自主权,即可在“监事会、一名监事、审计委员会、不设监事会/监事/审计委员会”四种模式中选择其一。

在上述四种模式中，实际每一种又都蕴含不同的治理理念与适用场景。对于规模较小或股东人数较少的有限责任公司而言，简化治理结构、降低运营成本通常为首要考量，故不设董事会及监事会的简单治理架构或将成为该部分企业的首选。尤其在不设董事会的公司中，自然更无须设立审计委员会。而对于规模较大或股东人数较多的中大型有限责任公司而言，内部监督的重要性却不言而喻。在此类企业中，若选择不设监事会，则有必要通过在董事会中设立审计委员会的方式，以确保公司内部监督机制的有效运行。审计委员会作为公司内部监督的重要机构，其职权应涵盖财务监督、高级管理人员行为监督、合规性审查等多个方面，以确保公司运营的合法性与规范性。

第 44 条 | 审计委员会的成员构成和任职资格

建议条款

审计委员会成员由股东会在董事中选举产生，不得低于三人。公司董事会成员中的职工代表可以成为审计委员会成员。

审计委员会成员的任期与董事的任期一致。

审计委员会的主任由全体审计委员会成员过半数选举产生。审计委员会主任召集和主持审计委员会会议；审计委员会主任不能履行职务或者不履行职务的，由过半数的审计委员会成员共同推举一名成员召集和主持审计委员会会议。

法律依据和修改对照

法律依据：《公司法》第69条。

修改对照：相比于《公司法》（2018年），审计委员会的相关规定是本次《公司法》修订新增的内容。虽然《公司法》对于有限责任公司的审计委员会具体设置及任职资格未作详尽规定，但参考《公司法》中关于股份有限公司及上市公司审计委员会的相关规定，以及《上市公司治理准则》等规范性文件，可以明确审计委员会应具备一定的独立性和专业性。

主要修改内容

对于拟按照《公司法》规定，不设置监事会或监事，仅设置审计委员会的公司法人，应明确审计委员会的成员构成和任职资格。尤其是审计委员会成员不得由执行董事、高级管理人员充任，以确保其能够客观、公正地履行监督职责，避免“被监督者兼任监督者”的情况。

修改注意事项

1. 审计委员会成员只能由非执行董事充任，即由职工董事、外部董事、独立董事、非独立非执行董事等四类董事充任。对于职工代表担任审计委员会成员的情况，亦应确保其在履行职责时不受公司管理层的不当影响。

2. 审计委员会成员应具备必要的财务、会计或审计等方面的专业知识，以便有效履行对公司财务和会计的监督职责。公司可在公司章程中进一步明确审计委员会成员的专业资质要求。

3. 审计委员会成员的选任应遵循公正、透明的原则，确保所有符合条件的董事都有机会被选任为审计委员会成员。同时，审计委员会主任的选举也应遵循同等原则，以确保其权威性和公正性。

对实践的影响

随着《公司法》对审计委员会制度的引入和完善，公司治理结构将更加科学、合理。公司可以根据自身情况选择设置一名监事、监事会或审计委员会作为监督机构，以适应并满足不同发展阶段的治理需求。

而明确审计委员会的成员构成和任职资格，则有助于确保审计委员会的独立性和专业性，从而增强其对公司内部监督的有效性，防范公司内部的财务造假、徇私舞弊等行为，进而切实保护公司和股东的利益。

第 45 条 | 审计委员会的议事规则

建议条款

【提示】审计委员会会议及审计委员会的议事方式和表决程序，可参照公司章程中监事会的议事规则。

法律依据和修改对照

法律依据：《公司法》第 81 条、第 121 条。

修改对照：相比于《公司法》（2018 年），审计委员会的相关规定是《公司法》新增条款，尽管《公司法》中并未明确规定有限责任公司审计委员会的议事方式和表决程序，但《公司法》中关于监事会和股份有限公司审计委员会工作程序的相关规定，以及《上市公司治理准则》等规范性文件对上市公司审计委员会的要求，可以为本条款的制定提供依据。

主要修改内容

对于拟按照《公司法》规定，不设置监事会或监事，仅设置审计委员会的公司法人，由于审计委员会代行监事会的职权，因此其议事规则应体现相应的监督职能和独立性。此外，考虑到不同公司的实际情况和治理需求，本条款允许公司在公司章程中另行规定审计委员会的议事方式和表决程序，以增加规则的灵活性和适用性。

修改注意事项

1. 议事规则可根据审计委员会成员的具体构成进一步明确会议通知的时间、方式，以确保所有成员均能充分准备并参与会议讨论。

2. 审计委员会会议的表决方式和决议形成规则亦可进一步细化，以确保决策过程的公正性和合理性。实务中通常采用多数决原则，但对重大事项亦可采取更高比例的表决要求。

对实践的影响

审计委员会议事规则的设计和完善，对提升公司整体治理水平和投资者信心意义重大。而参照监事会议事规则制定的审计委员会议事规则，则既可照应《公司法》对于公司治理结构的优化初衷，又能进一步强化审计委员会的监督职能，从而保障其对公司财务和董事、高级管理人员履职行为的有效监督。

在实践中，为提升审计委员会成员的专业素养和履职能力，建议公司：(1) 定期组织对审计委员会成员的培训和交流活动，帮助其更好地理解和执行议事规则；(2) 定期对审计委员会议事规则的执行情况进行评估，并根据实际情况进行必要的调整和优化，以确保其始终符合公司治理的需求和法律法规的要求。

第六章　董事、监事和高级管理人员

第 46 条 董事、监事及高级管理人员的任职资格

建议条款

有下列情形之一的，不得担任公司的董事、监事、高级管理人员：

（一）无民事行为能力或者限制民事行为能力；

（二）因贪污、贿赂、侵占财产、挪用财产或者破坏社会主义市场经济秩序，被判处刑罚，或者因犯罪被剥夺政治权利，执行期满未逾五年，被宣告缓刑的，自缓刑考验期满之日起未逾二年；

（三）担任破产清算的公司、企业的董事或者厂长、经理，对该公司、企业的破产负有个人责任的，自该公司、企业破产清算完结之日起未逾三年；

（四）担任因违法被吊销营业执照、责令关闭的公司、企业的法定代表人，并负有个人责任的，自该公司、企业被吊销营业执照、责令关闭之日起未逾三年；

（五）个人因所负数额较大债务到期未清偿被人民法院列为失信被执行人。

在其他国有独资公司担任董事、高级管理人员的，在本公司兼职董事、监事、高级管理人员前须经履行出资人职责的机构同意。

违反前两款规定选举、委派董事、监事或者聘任高级管理人

员的，该选举、委派或者聘任无效。董事、监事、高级管理人员在任职期间出现本条第一款情形或违反第二款情形的，公司应当解除其职务。

法律依据和修改对照

法律依据：《公司法》第175条、第178条。

修改对照：从法条内容的角度来看，相比于《公司法》（2018年）第146条，《公司法》第178条在因刑事处罚限制任职情形中新增加了“被宣告缓刑”的情形，对个人因负债较大到期未清偿情形新增加了“被人民法院列为失信被执行人”的条件。

另外，相比于《公司法》（2018年）第69条，《公司法》第175条的实质性变更在于行使兼职同意权的主体由“国有资产监督管理机构”变为“履行出资人职责的机构”，后者不再限于国务院、地方人民政府及其授权的本级人民政府国有资产监督管理机构，还包括国务院或者地方人民政府授权履行出资人职责的其他部门或机构。

主要修改内容

公司章程条款在原有公司章程条款基础上，针对《公司法》第175条、第178条的规定作出相应修改：

1. 其他国有独资公司董事、高级管理人员在本公司兼职的同意权限主体由国有资产监督管理机构扩大为履行出资人职责的机构。

2. 对一般的董事、监事、高级管理人员的任职限制，在因刑事处罚限制任职情形中增加了被宣告缓刑的情形，即“被宣告缓刑的，自缓刑考验期满之日起未逾二年”不得担任董事、监事、高级管理人员。对“个人所负数额较大的债务到期未清偿”进一步予以界定，修改为“个人因所负数额较大债务到期未清偿被人民法院列为失信被执行人”。

修改注意事项

针对公司章程条款，尤其注意董事、监事、高级管理人员的一般性任职限制的变化。第一处变动是新增的，增加因犯罪被宣告缓刑的情形，从而加强了对董事、监事、高级管理人员的任职限制，弥补原规定的漏洞；第二处变动明确了原“个人因所负数额较大债务到期未清偿”规定的认定标准，提高了实践中的可操作性，但同时收窄了任职资格的限制范围，即只要没有被列为失信被执行人，即便负有数额较大债务到期未清偿，也可以担任公司董事、监事、高级管理人员，这也符合逻辑和法理——即便负有债务，但只要信用仍在、没有丧失偿债能力，其权利就应该不受限制。

除《公司法》规定公司董事、监事、高级管理人员应当具备一定的任职资格外，其他法律法规也对董事、监事、高级管理人员任职资格有所规定。例如，公务员①、高等学校党政领导班子成员②不得担任公司的董事、监事及高级管理人员。

本条款应当与公司章程中的董事、监事、高级管理人员解任程序形成良好衔接，明确解任时的提案权人、决策机构及决策程序。

---

① 《中华人民共和国公务员法》第59条规定：“公务员应当遵纪守法，不得有下列行为：……（十六）违反有关规定从事或者参与营利性活动，在企业或者其他营利性组织中兼任职务……”

② 《关于加强高等学校反腐倡廉建设的意见》规定，“学校党政领导班子成员应集中精力做好本职工作，除因工作需要、经批准在学校设立的高校资产管理公司兼职外，一律不得在校内外其他经济实体中兼职”。

对实践的影响

1. 董事、监事、高级管理人员所任职的其他公司若涉嫌犯罪，但董事、监事、高级管理人员自身未涉嫌犯罪的，不影响其任职资格。例如，辽宁省辽阳市中级人民法院（2024）辽10民再14号民事判决认为，黄某梅再审中提供的辽阳县的立案告知书中载明“辽阳某公司涉嫌虚开增值税专用发票案”，并非为杨某学涉嫌刑事犯罪，且黄某梅未提供证据证明杨某学具有《公司法》第178条所列不得担任公司的董事、监事、高级管理人员的情形，故黄某梅亦应配合辽阳某公司办理将该公司法定代表人、经理变更为杨某学的登记机关登记手续。

2. “个人因所负数额较大债务到期未清偿被人民法院列为失信被执行人”情形需要严格满足适用条件：（1）个人债务；（2）债务数额较大且到期未清偿；（3）被人民法院列为失信被执行人。若其中一项未符合，则不能仅因为董事、监事、高级管理人员背负巨额债务影响其任职资格。

个人债务即“该自然人个人的债务”。在司法实践中，有案例认为为公司经营而承担的债务不属于“个人债务”，该董事不因此而丧失任职资格。例如，安徽省宣城市中级人民法院（2024）皖18民终1140号民事判决认为，同意一审法院观点，即成某国为公司董事，职务为董事长。其董事长职务不因其身负巨额债务而自动无效。并且，成某国所负债务均系为某置业公司借款提供保证担保所负债务，有别于其个人债务。故杨某生上诉称成某国因个人负债丧失董事资格的上诉理由不能成立。

如果因公司债务不能履行而被采取限制高消费措施就不属于本项调整的情形。在司法实践中，存在一些公司的法定代表人因公司债务而被限制高消费，此种情形下，不影响此人的任职资格。

3. 董事、监事、高级管理人员具有任职资格的限制情形，公司应当履行解除其职务的义务，配合变更登记等事项办理。例如，湖北省荆州市中级人民法院（2023）鄂10民终1478号民事判决认为，“对于采取非法手段牟取私利的人，应当限制他们担任公司董事、监事、高级管理人员，并且在发现有关人员担任职务期间不符合任职资格的，公司应撤销其职务，重新选任”“上诉人不主动按照法律规定履行自己的职责，被上诉人可以直接向人民法院起诉要求上诉人涤除其法定代表人、执行董事的公司登记事项”。

4. 因丧失任职资格而解任董事、监事、高级管理人员不等于与董事、监事、高级管理人员解除劳动关系，若通过股东会、董事会决议直接解除与董事、监事、高级管理人员的劳动关系，可能会引发劳动纠纷。建议公司严格区分解任职务与解除劳动关系的程序，避免因侵犯员工合法权益而产生不利后果。公司可考虑在与董事、监事、高级管理人员的劳动合同中约定当董事辞去职务或者由股东会、董事会决议解任其职务时，劳动合同将视为期满终止。

第 47 条 董事、监事及高级管理人员的忠实义务

建议条款

董事、监事、高级管理人员对公司负有忠实义务，应当采取措施避免自身利益与公司利益冲突，不得利用职权牟取不正当利益。

董事、监事、高级管理人员不得有下列行为：

（一）侵占公司财产、挪用公司资金；

（二）将公司资金以其个人名义或者以其他个人名义开立账户存储；

（三）利用职权贿赂或者收受其他非法收入；

（四）接受他人与公司交易的佣金归为己有；

（五）擅自披露公司秘密；

（六）违反对公司忠实义务的其他行为。

公司的控股股东、实际控制人不担任公司董事但实际执行公司事务的，应当适用前两款的规定。

法律依据和修改对照

法律依据：《公司法》第 180 条、第 181 条。

修改对照：从法条内容角度来看，相比于《公司法》（2018 年）第 147 条、第 148 条，《公司法》第 180 条进一步规定了董事、监事、高级管理人员忠实义务的内涵，并且增加有关“事实

董事”的规定;《公司法》第 181 条将忠实义务的主体范围由原来的“董事、高级管理人员”扩大至“董事、监事、高级管理人员”,将监事纳入规制对象。

主要修改内容

公司章程条款在原有公司章程条款基础上,针对《公司法》第 180 条、第 181 条的新规定作出相应修改,更详尽地规定董事、监事、高级管理人员的忠实义务。董事、监事及高级管理人员的忠实义务属于消极义务,其核心是“不得利用职权牟取不正当利益”。另外,从禁止性规范的角度来看,通过列举加兜底的方式,列举了绝对禁止董事、监事、高级管理人员从事违反忠实义务的五项行为,最后一项“违反对公司忠实义务的其他行为”为兜底规定。同时,本次修订将不担任公司董事但实际执行公司事务的控股股东、实际控制人纳入忠实义务主体范围。

修改注意事项

本条款修改进一步强化了董事、监事、高级管理人员的忠实义务。此条款要求董事、监事、高级管理人员在执行职务时,必须以公司利益为首要考虑,避免自身利益与公司利益发生冲突。另外,第二款列举的侵占公司财产、挪用公司资金、泄露公司秘密、利用职权贿赂等行为均属于绝对禁止行为,不存在豁免事由,不同于董事、监事、高级管理人员的关联交易、谋取公司商业机会、同业竞争行为等相对禁止行为。此外,公司的控股股东或实际控制人若通过各种方式实际执行公司事务,其行为对公司决策产生实质性影响,操控公司运营,无论其是否在公司董事会中担任正式职务,均应同等地承担董事应尽的忠实义务。

对实践的影响

判断董事、监事、高级管理人员是否违反忠实义务，主要围绕董事、监事、高级管理人员是否违反法律规定、公司章程规定或公司决议，其利益与公司利益是否冲突，是否利用职权牟取不正当利益进行合理判断。例如，北京市第二中级人民法院（2023）京02民终6785号民事判决认为，曲某虽否认自己参与某功公司的经营，但未提供充分的反驳证据，故本院对某极公司的事实主张予以采信，应当认定曲某存在自营与所任职公司同类业务的行为。曲某的该行为未经某极公司股东会同意，违反董事对公司的忠实义务。一审法院综合考虑曲某对某极公司所负忠实义务的程度、其在本案中不当行为的程度、公司经营规模、产品知名度等因素，酌情确定其向某极公司赔偿10万元，处理并无不当，本院对一审判决予以维持。

高级管理人员明知公司章程对公司对外提供借款需要履行相应内部程序的情况下，违反公司章程约定，擅自审批对外支付款项，违反了高级管理人员对公司负有的忠实义务。例如，北京市第一中级人民法院（2021）京01民终1688号民事判决认为，侯某斌作为某智慧公司的高级管理人员，明知公司章程对公司对外提供借款需要履行相应内部程序的情况下，违反公司章程约定，擅自审批对外支付款项，违反了高级管理人员对公司负有的忠实义务。因侯某斌的上述行为，导致案涉借款自2017年2月27日至今未能收回，且截至二审诉讼，某租赁公司仍表示目前不具备偿还能力，故一审法院判决侯某斌与某租赁公司对案涉债务共同承担偿还责任并无不当。

第 48 条 董事、监事及高级管理人员的勤勉义务

建议条款

董事、监事、高级管理人员对公司负有勤勉义务，执行职务应当为公司的最大利益尽到管理者通常应有的合理注意。

公司的控股股东、实际控制人不担任公司董事但实际执行公司事务的，应当适用前款规定。

法律依据和修改对照

法律依据：《公司法》第 180 条。

修改对照：从法条内容角度而言，相比于《公司法》（2018 年）第 147 条，《公司法》第 180 条进一步规定了董事、监事、高级管理人员勤勉义务的内涵，并且增加“事实董事”亦应当对公司负有勤勉义务。

主要修改内容

公司章程条款在原有公司章程条款基础上，针对《公司法》第 180 条的新规定作出相应修改，更详尽地规定董事、监事、高级管理人员的勤勉义务。董事、监事及高级管理人员的勤勉义务属于积极义务，其核心是“执行职务应当为公司的最大利益尽到管理者通常应有的合理注意”。另外，将不担任公司董事但实际执行公司事务的控股股东、实际控制人纳入勤勉义务主体范围。

修改注意事项

本条款修改进一步强化了董事、监事、高级管理人员的勤勉义务。此条款要求董事、监事、高级管理人员在决策过程中展现出善意、勤勉尽责和合理谨慎。此外，公司的控股股东或实际控制人虽然不担任公司董事，但实际执行公司事务的，对公司亦负有勤勉义务。

对实践的影响

1. 对董事、监事、高级管理人员是否违反勤勉义务，应当合理判断，如董事、监事、高级管理人员在其职责范围内尽到应有的注意义务则未违反勤勉义务的要求。例如，最高人民法院（2020）最高法民申640号民事裁定认为，“面对市场不断变化的商事交易实践，如果要求每一个经营判断都是正确的，其结果会使公司高级管理人员过于小心谨慎，甚至裹足不前，延误交易机会，降低公司经营效率，最终不利于实现公司和股东权益。特别是在不涉及公司高级管理人员个人利益与公司利益冲突等可能违反忠实义务的情形中，公司高级管理人员依照法律和公司章程履行经营管理职责的行为，应受到法律的认可和保护”，海某杰公司赋予了总经理组织领导公司日常生产技术和经营管理工作的广泛职权。案涉交易中，包括海某杰公司与某辉公司签订衬衫供货合同、与黄冈市某公司签订《产品采购合同》、在广州采购光坯布，均系盖某为开展公司日常经营而履行总经理职权的行为，并未超越海某杰公司章程规定的职责范围。原判决认定盖某未违反公司高级管理人员的忠实义务和勤勉义务，并无不当。

2. 董事、监事、高级管理人员的勤勉义务要求一个自然人在同样情况下处理同类事务时所应尽的勤勉与注意义务。例如，北京市第三中级人民法院在（2018）京03民终13804号民事判决认为，杨某晨在担任奇某公司法定代表人及经理期间负责奇某公司的经营管理，其应从奇某公司利益角度出发，善意且充分地进行信息收集和调查分析，合理谨慎地为公司最大利益作出商业经营决策。

3. “事实董事”指虽不具有董事头衔，但实际履行董事职务的人，在《公司法》生效前已有判决对事实董事作出认定。例如，北京市怀柔区人民法院（2021）京0116民初7599号民事判决认为：“实际控制人不同于控股股东，其在公司解散后并无对公司组织清算的直接法定义务。但是如果公司的实际控制者对公司的经营事务具有与董事一样的权力，即使其不是根据公司法和公司章程规定正式选举产生的董事，但实际上已以董事身份行事，属于事实上的董事，即事实董事，也应当对公司债权人承担信义义务。”

“实际执行公司事务”不仅包括《公司法》第67条规定的典型董事职权行为（以董事身份参与董事会会议与决议、以董事名义对外签署协议、决定公司内部管理机构的设置等），还需要结合多种因素综合认定。例如，该实际控制人、控股股东公司是否必须参与所有重要管理事项的决策，是否控制公司财务账户、证章照，是否招聘、决定、任命公司高级管理人员等。

第 49 条 董事、监事及高级管理人员与公司的关联交易

建议条款

公司的控股股东、实际控制人、董事、监事、高级管理人员不得利用关联关系损害公司利益。

违反前款规定，给公司造成损失的，应当承担赔偿责任。

董事、监事、高级管理人员，直接或者间接与本公司订立合同或者进行交易，应当就与订立合同或者进行交易有关的事项向董事会/股东会报告，并经董事会/股东会决议通过。

董事、监事、高级管理人员的近亲属，董事、监事、高级管理人员或者其近亲属直接或者间接控制的企业，以及与董事、监事、高级管理人员有其他关联关系的关联人，与公司订立合同或者进行交易，适用前款规定。

法律依据和修改对照

法律依据：《公司法》第 22 条、第 182 条。

修改对照：相比于《公司法》（2018 年）第 21 条、第 148 条第 1 款第 4 项，《公司法》第 182 条扩大了关联人的范围以及明确关联交易报告义务。

主要修改内容

公司章程条款基于《公司法》对关联交易规则的变动，对原

有的关联交易条款进一步补充、细化，具体包括：（1）将关联交易的适用主体范围扩大到董事、监事、高级管理人员及其近亲属控制的企业并增加兜底性的关联人。（2）在保留股东会批准权限的基础上将权力下放至董事会，公司可结合实际情况，自行选择是向股东会还是董事会报告，并确定具体表决规则。在董事会表决时，关联董事应当予以回避。

修改注意事项

针对本条款的修改，公司治理中应当注意以下三点：

1. 在公司章程、内部管理制度中明确高级管理人员的岗位范围，在高级管理人员聘任合同或内部管理制度中明确违规关联交易时的责任，在董事、监事、高级管理人员内部培训时，阐明并强调公司关联交易规定，强化董事、监事、高级管理人员的合规意识。

2. 在公司章程中明确关联交易的决议机关。根据公司的实际情况，可直接将决策权统一交由股东会或董事会，也可按照金额大小、交易类型等因素将关联交易分为重大关联交易事项和一般关联交易事项，分别由股东会和董事会决议。

3. 必要时，公司可考虑建立关联人报告制度，要求董事、监事、高级管理人员主动向公司报告其近亲属、本人或其近亲属直接或者间接控制的企业，以及其他关联人的信息，并在前述信息变更时及时向公司报告变更情况。

对实践的影响

1.《公司法》第 182 条明确了关联交易的具体适用主体范围和兜底性关联人，《公司法》（2018 年）第 21 条作为一般性规定，以往公司与实际控制人、控股股东、董事、监事、高级管理人员或其近亲属控制的企业进行交易的，存在引用该一般性规定裁判的情况。例如，上海市第二中级人民法院（2021）沪02民终3034号民事判决认为，我国《公司法》规定，未经股东会或者股东大会同意，与本公司订立合同或者进行交易的行为属于董事、高级管理人员的禁止性行为。劳动者在用人单位工作期间，不仅应当遵守劳动法上的规定，更负有遵守法律规定的义务。余某柳在某康公司工作期间，其配偶所设立的公司与某康公司建立了代理销售关系，属于自我交易行为，其作为公司的某部门区域主管，属于公司的高级管理人员，其无证据证明由其配偶与公司建立代理关系经过公司同意，故其行为违反了公司法上的注意义务。

2. 需要注意的是，法律并非完全禁止关联交易，而是禁止损害公司利益的不正当关联交易，关联交易合法有效的实质要件是交易对价公允。例如，最高人民法院（2021）最高法民再181号民事判决（入库编号2023－16－2－276－002）认为，应从交易的实质内容，即合同约定、合同履行是否符合正常的商业交易规则以及交易价格是否合理等审查关联交易的对价是否公允。

3. 因关联交易承担赔偿责任的必要前提是“给公司造成损失”，这要求公司确有损害结果发生，公司利益不仅包括有形的公司财产，还包括无形利益。公司的无形利益包括具有经济价值的各种权利，如公司商业机会、公司商业秘密、知识产权等无形利益。此外，还要求关联交易行为与损害结果存在因果关系。

4. 针对关联交易完成后的专项审计，不属于关联交易情形，相应的关联人无须在会议表决中回避。例如，天津市第二中级人民法院（2021）津02民终1799号民事判决认为：“关联交易是指企业关联方之间的交易，章程规定的回避旨在避免关联方利用其与公司的关联关系和控制地位，迫使公司从事不利益的交易。故从关联交易的概念、解释上看，公司关联交易应包括直接与关联交易相关的价格及方式等，并不包括对关联交易完成之后的专项审计。故关联交易专项审计不需要关联股东进行回避。”

5.《公司法》第265条明确规定，“关联关系，是指公司控股股东、实际控制人、董事、监事、高级管理人员与其直接或者间接控制的企业之间的关系，以及可能导致公司利益转移的其他关系。但是，国家控股的企业之间不仅因为同受国家控股而具有关联关系”。因此，在司法实践中，应准确把握关联关系的认定，不能任意扩大范围，同时对于国家控股的企业要特别注意，不能因为同受国家控股而直接认定具有关联关系。

第 50 条 | 董事、监事、高级管理人员利用公司商业机会

建议条款

董事、监事、高级管理人员，不得利用职务便利为自己或者他人谋取属于公司的商业机会。但是，有下列情形之一的除外：

（一）向董事会/股东会报告，并按照公司章程的规定经董事会/股东会决议通过；

（二）根据法律、行政法规或者公司章程的规定，公司不能利用该商业机会。

法律依据和修改对照

法律依据：《公司法》第 183 条。

修改对照：相比于《公司法》（2018 年）第 148 条的规定，《公司法》针对利用公司商业机会的例外情形，在新增“监事”主体的基础上细化了董事、监事、高级管理人员利用公司商业机会的程序，以及除经过报告决议情形外增加一项“根据法律、行政法规或者公司章程的规定，公司不能利用该商业机会”时可以正当利用公司商业机会的情形。

主要修改内容

公司章程条款针对《公司法》新增的第 183 条规定，规定董事、监事、高级管理人员原则上不得利用公司的商业机会。为公司发现和创造商业机会并争取公司价值最大化是董事、监事、高级管理人员的职责所在，公司管理层在履职过程中获取的商业机会应归属于公司而非个人。公司章程条款的例外性规定使得商事活动中交易机会利用空间达到最大化，充分体现了商法领域“营业自由原则”。

修改注意事项

商业机会本质上属于公司利益范畴，董事、监事、高级管理人员基于在公司的地位可以接触到大量商业信息，如果公司正在从事或者将要从事的与经营活动有关的商业机会被其篡夺，在无例外情形的前提下则构成对忠实义务的违反。另外，在例外情形中董事、监事、高级管理人员若向董事会报告并经决议通过，该决议也应适用关联董事回避表决制度。

对实践的影响

在司法实践中，法院在案件审理中，对公司商业机会的认定主要考量以下四点要素：一是该机会与公司经营业务是否有联系；二是第三人是否存在向公司提供该机会的想法；三是公司对该机会是否享有期待利益，公司是否明确放弃或者拒绝；四是区分公司是事前同意还是事后放弃。

很多商业机会并不是实际获得或可量化的利益，往往具有很大的预期性和不确定性，而且商业机会与最终获得的利益之间可能存在很大的差距。例如，上海市青浦区人民法院（2019）沪0118民初17485号民事判决（入库编号2023－08－2－276－003）认为：施某斐利用其作为某路公司总经理的职务便利，私自将本应由某路公司与某普公司签约的商业机会安排给某翔公司，损害了某路公司利益，构成侵权。理由如下：来自某普公司的业务机会属于某路公司的商业机会……施某斐利用职务便利，未将交易机会向某路公司进行有效披露，私自将涉案商业机会安排给某翔公司。上海市青浦区人民法院在评析此案件时强调："首先，在商业机会归属的客观认定上，从公司的经营活动范围、公司的实质性努力以及机会提供者的预期等方面公平考量商业机会的归属；其次，在高管披露动机的主观认定上，从披露的及时性、完全性、有效性综合判断披露行为是否正当善意，如认定披露并非善意，则属于谋取商业机会。"

第 51 条 ｜ 董事、监事、高级管理人员竞业限制

建议条款

董事、监事、高级管理人员未向董事会或者股东会报告，并按照公司章程的规定经董事会或者股东会决议通过，不得自营或者为他人经营与其任职公司同类的业务。

法律依据和修改对照

法律依据：《公司法》第 184 条。

修改对照：相比于《公司法》（2018 年）第 148 条，《公司法》第 184 条针对竞业限制的例外情形，在新增“监事”主体的基础上细化了董事、监事、高级管理人员自营或者为他人经营与其任职公司同类业务的程序。

主要修改内容

公司章程条款针对《公司法》新增的第 184 条规定，规定董事、监事、高级管理人员原则上不得自营或者为他人经营与其任职公司同类的业务。但如果董事、监事、高级管理人员向董事会或者股东会报告，并按照公司章程的规定经董事会或者股东会决议通过，则可以自营或者为他人经营与其任职公司同类的业务。

修改注意事项

竞业禁止的本质，是董事、监事、高级管理人员的自身利益

让位于公司利益的直接体现。管理层具有掌握公司权力的经营决策者的地位，其在履行职务过程中能够接触到公司重大的经营信息乃至整个行业的信息，其代理人或受托人的身份要求其必须只能将履职过程中获取的信息用于为公司谋取利益，否则公司经营者的身份将变成其为自己获利的工具，显然该行为被法律相对禁止。另外，在例外情形中董事、监事、高级管理人员若向董事会报告并经决议通过，该决议也应适用关联董事回避表决制度。

对实践的影响

在司法实践中，判断董事、监事、高级管理人员是否违反竞业禁止义务，通常会考虑如下因素：其一，是否经过公司同意，即是否履行了向董事会或股东会报告并决议通过的程序。其二，发生的时间。通常认为竞业禁止应限定在管理层任职期间，除非有另行约定，而离任后想要主张管理层违反竞业禁止义务产生的责任，则至少需要证明管理层利用了原公司职务的便利或影响力。其三，在经营行为性质方面，“自营”和“为他人经营”均属于规制范围。

例如，最高人民法院（2020）最高法民申4854号民事裁定书基于公司的业务范围、公司间的资金和人员关系、披露行为，综合判定杨某德并未违反《公司法》关于“竞业禁止”的规定。具体理由如下：“邯郸某康公司的核心业务为石杉碱甲的研发，该内容属于药品领域。烟台某公司实际经营范围为染发剂的研发和销售，该内容属于化妆品领域。两者在经营范围上存在明显差异。某翔集团主张，烟台某公司染发剂项目的研发和销售，使用了上海某康公司的研发成果和客户资源。本院认为，邯郸某康公司虽曾为上海某康公司的业务发展提供过资金支持，相关企业管理人员也存在一定的重合，但根据国家企业信用信息公示系统显示，上海某康公司与邯郸某康公司之间并无直接的股权关系，两公司均系独立的企业法人，现有证据不足以证明上海某康公司为邯郸某康公司的分公司。某翔集团提供的有关上海某康公司染发剂项目的销售证据，均为相关公司内部文件，并无染发剂销售合同或财务收入证明，现有证据仅能证明上海某康公司可能存在染发剂项目的研发或销售，并不能证明邯郸某康公司开展过与染发剂项目相关的生产销售行为。另外，杨某德在设立烟台某公司前，曾向邯郸某康公司各股东发送电子邮件，提出在烟台设立新公司并作出‘竞业禁止’保证，各股东均未明确表示反对。故某翔集团关于杨某德开办的烟台某公司的经营范围与邯郸某康公司存在重合，违反竞业禁止规定的再审申请理由，缺乏事实依据，本院不予支持。”

第 52 条 ｜ 董事表决权回避

建议条款

董事会对以下事项决议时，关联董事不得参与表决，其表决权不计入表决权总数：

（一）董事、董事的近亲属、董事或其近亲属直接或间接控制的企业、有其他关联关系的关联人与公司订立合同或者进行交易；

（二）董事利用职务便利为自己或者他人谋取属于公司的商业机会；

（三）董事自营或者为他人经营与本公司同类的业务。

出席董事会会议的无关联关系董事人数不足三人的，应当将该事项提交股东会审议。

法律依据和修改对照

法律依据：《公司法》第182条、第183条、第184条、第185条。

修改对照：在《公司法》（2018年）中，关联交易、谋取公司商业机会及竞业限制统归于第148条下，前述三大事项的决策机构仅有股东会。《公司法》则将前述三大事项分别规定于第182条、第183条、第184条中，允许公司在公司章程中自主选择决策机构为股东会或者董事会，并在第185条中新增规定关联董事在关联交易、谋取公司商业机会及竞业限制中的回避表决程序，以及针对出席董事会会议的无关联关系董事人数不足三人情形，规定应当将相关事项提交股东会审议的程序。

主要修改内容

公司章程条款针对《公司法》新增的第185条规定，规定关联董事应当回避的类型及其相关的回避程序，本质是加强对关联董事的约束，将上市公司的关联董事回避表决制度引入所有公司类型。

修改注意事项

公司应当根据自身治理结构对本条款进行调整，董事人数较少时，建议将决策权直接交由股东会。必要时，公司可选择在章程或内部管理制度中细化“关联人”的种类、“谋取公司商业机会”的情形、“公司同类业务”的种类，以增强本条款的可操作性。

对实践的影响

《公司法》在第182~184条中，针对自我交易、谋取公司商业机会及竞业限制三类情形作出了明确规定，对董事、监事、高级管理人员忠实义务的“禁止性”行为作出了更为详尽的阐释。但《公司法》并未对该三类行为进行完全性禁止，而是规定涉及关联交易、谋取公司商业机会及竞业限制的董事、监事、高级管理人员，必须向公司全面披露相关信息，并在经过董事会或股东会的决议通过后方可实施上述行为，这一要求的核心原则可概括为“披露+决议+回避”。

关联董事对于股东失权情形是否需要回避，《公司法》暂无明确规定。《公司法》第52条规定了催缴失权制度，并将催缴主体以及是否发出失权通知的决议主体，设置为董事会。但若瑕疵出资股东本身作为董事，或者该股东本身能够控制董事会成员的情况下，在董事会决议是否发出失权通知的表决程序中，该关联董事是否应当回避表决，目前《公司法》并无明确的规定，建议公司可在公司章程中予以明确。

董事、监事、高级管理人员非法经营公司同类业务，有可能涉嫌刑事犯罪。《刑法修正案（十二）》将非法经营同类营业罪的犯罪主体从国有公司、企业的董事、经理扩张至所有公司、企业的董事、监事、高级管理人员。例如，江苏省高级人民法院（2017）苏刑终29号刑事裁定（入库编号2023-03-1-097-002）认为：“是否属于同类营业，应采取实质审查标准。‘同类营业’不等于‘同样营业’，亦不以营业执照标示的范围为限，重点在于是否剥夺了本公司的交易机会。”

第 53 条 | 归 入 权

建议条款

董事、监事、高级管理人员违反忠实义务、关联交易、利用公司商业机会、竞业限制规定所得的收入应当归公司所有。

法律依据和修改对照

法律依据：《公司法》第 186 条。

修改对照：相比于《公司法》（2018 年）第 148 条，《公司法》整合了《公司法》（2018 年）第 148 条列举的 7 种具体情形，并将归入权的适用条件通过第 181～184 条进行了更为详细的划分并加以规范。另外，在归入权适用的主体范围方面，除了董事、高级管理人员，《公司法》新增了“监事”主体。

主要修改内容

公司章程条款针对《公司法》第 186 条的规定，规范适用归入权的情形，明确归入权的适用事项为违反忠实义务、关联交易、利用公司商业机会、竞业限制相关规定，并在董事、高级管理人员的主体范围基础上，增加“监事”主体的适用。

修改注意事项

针对公司管理层违反忠实义务及关联交易、利用公司商业机会、竞业限制等相关行为，大多数公司会对董事、监事、高级管理人员违反法律法规或公司章程执行职务给公司造成损失，选择行使损害赔偿请求权或者和归入权一并行使，只提起公司归入权之诉的较少。对此，公司应当考虑举证难度，损失大小，董事、监事、高级管理人员违反规定的所得收入等有关因素综合确定维护公司利益的救济路径。

对实践的影响

在司法实践中，法院对于“所得收入”的认定存在不同的适用标准。例如，最高人民法院（2021）最高法民申 1686 号民事裁定认为，李某由此获得的收入归某在线公司所有，以弥补某在线公司的实际损失。但在某在线公司损失标的系商业机会难以准确认定数额且李某的个人获益和某佳公司及其股东的实际损失亦无法认定的情况下，原判决综合考虑某医等公司的运营成本、网络医院项目的发展前景和技术团队、资本团队对网络医院项目的投入、贡献情况，酌定李某向某在线公司赔偿 2916 万元以弥补某在线公司和某佳公司及其背后投资人的实际损失及合理期待利益，亦无不当。法官以公司利益为核心，在认定公司当下所受损失的同时，兼顾考虑公司预期利益损失以及公司甚至市场的长远发展。

适用归入权的前置条件为董事、监事、高级管理人员违反了忠实义务、关联交易、利用公司商业机会、竞业限制规定。例如，北京市第三中级人民法院（2020）京 03 民终 7060 号民事判决认为，韩某江与某行公司之间的股权转让系韩某江与某行公司之间的关联交易。韩某江需举证证明该关联交易的公平性。韩某江承认交易未经过股东会决议，也未举证证明曾就该交易履行了信息披露义务。其主张曾跟公司股东进行了沟通，但并未提交相关证据予以证明，不符合《公司法》（2018 年）以及司法解释规定的程序性公平标准，法院不予采信。因此，该关联交易不符合实质性公平标准，损害了某行公司的合法利益。根据《公司法》（2018 年）第 148 条“董事、高级管理人员违反前款规定所得的收入应当归公司所有”的规定，韩某江基于上述不公平的关联交易所得的收入应该归某行公司所有。一审判决韩某江归还某行公司股权转让款并无不当。

归入权的范围应当是董事、监事、高级管理人员因违背忠实义务及其相关义务而取得的个人收入，不包括董事、监事、高级管理人员另行经营或任职的公司因涉案纠纷而获得的相关收益。例如，江苏省无锡市中级人民法院（2024）苏 02 民终 4190 号民事判决维持一审法院判决认为：“归入权的范围应当是董事等高管因违背忠实义务而取得的个人收入，而不包括高管另行经营或任职的公司因涉案纠纷而获得的相关收益。公司对于公司高管违反忠实义务的收入享有归入权的成立要件为，一是公司高管存在违反忠实义务的法定情形，二是高管因前述情形而实际获得收入。本案中，根据某甲公司的诉称事实以及其在庭审中陈述，法院可以确认，其提起本案诉讼的请求权基础为公司高管违反忠实义务、损害公司利益而产生的损害赔偿权（包含了高管收入归入权），故法院以此请求权为基础认定本案相关事实并据此认定本案当事人的相关责任。”

第七章　公司的财务、会计制度

第 54 条 | 财务会计报告的编制及审计

建议条款

公司应当在每一会计年度终了时编制财务会计报告，并依法经会计师事务所审计。

财务会计报告应当包括下列组成部分：

（一）资产负债表；

（二）利润表；

（三）现金流量表；

（四）所有者权益变动表；

（五）附注。

法律依据和修改对照

法律依据：《公司法》第 208 条。

修改对照：相比于《公司法》（2018 年）第 164 条，《公司法》第 208 条未作修改。

修改注意事项

建议条款第 2 款关于财务会计报告的组成，依据为《企业会计准则第 30 号——财务报表列报》（2014 年修订）。

对实践的影响

财务会计报告为股东及其他会计资料使用者提供公司财务状

况和经营成果信息。在特定情况下，财务会计报告的编制及审计还能起到股东免责的保护作用。实践中存在不编制财务会计报告，或者虽编制财务会计报告但未经会计师事务所审计的情形。《公司法》第23条第3款规定："只有一个股东的公司，股东不能证明公司财产独立于股东自己的财产的，应当对公司债务承担连带责任。"据此，对于一人有限责任公司股东免责而言，证明不构成财产混同或证明财产独立，编制财务会计报告并经过审计尤为重要，财务会计报告及审计报告是最有力的证据之一。

例如，广西壮族自治区高级人民法院（2021）桂民申1495号民事裁定认为，李某荣作为新某公司的唯一股东，因未编制、未提供财务会计报告被追加为对新某公司债务承担连带责任的被执行人，充分说明了及时编制财务会计报告并经审计、保存审计报告的重要性。李某荣申请再审的理由之一是，"申请人没有编制财务会计报告，就应该对公司的债务承担连带责任，显然是错误的"。再审法院认为，"李某荣对于新某公司成为一人有限责任公司期间，公司财产独立于其自己的财产负有举证证明责任，否则应承担不利的法律后果。同时，李某荣不论是任新某公司一人股东、还是从该公司从一人公司变更为二人公司期间，李某荣未依法建立公司账簿，对公司资产未作财务记载，致使双方利益不清、其自身收益与公司盈利无法区分。因李某荣在本案中并未完成举证义务，故二审法院认定李某荣……承担连带责任并无不当"。

第 55 条 | 财务会计报告的报送

建议条款

公司应当在会计年度结束后【三】个月内将经审计的年度财务会计报告送交各股东。

公司应当在【半年度/季度/月度】结束后【一】个月内将【半年度/季度/月度】会计报表（资产负债表、利润表、现金流量表、所有者权益变动表）送交各股东。

法律依据和修改对照

法律依据：《公司法》第 209 条第 1 款。

修改对照：相比于《公司法》（2018 年）第 165 条第 1 款，《公司法》第 209 条第 1 款未作修改。

修改注意事项

1. 建议条款中以“【　】”标识的期限或报告、报表类型可以根据实际情况进行调整或选择。根据《公司法》第 209 条，公司向股东送交财务会计报告的期限由公司章程规定，股东制定公司章程时可协商确定财务会计报告或会计报表送交股东的时限，并修改建议条款中的相应时限。股东需要公司送交报告或报表的期限，实际上反映了股东对会计信息需求的频次。

2. 股东制定公司章程时可以根据实际需要选择是否使用建议条款的第 2 款，即半年度或季度或月度会计报表的报送要求。如不选用，则删除该第 2 款。

对实践的影响

股东通过财务会计报告可以了解公司的资产、负债、股东权益、收入、费用、利润等财务状况及经营成果。公司向股东送交财务会计报告是维护股东知情权的重要体现。如公司未按公司章程规定向股东送交，可能导致股东根据《公司法》第 57 条行使知情权（包括但不限于查阅财务会计报告、会计账簿、会计凭证）及相应诉权。

例如，某合伙制基金在投资某科技公司时要求该公司在公司章程中就财务知情权作出以下特别规定。公司应按照下述方式向投资人交付下列文件：每日历季度结束后 20 日内，提供公司季度会计报表；每日历半年度结束后 40 日内，提供公司半年度会计报表；每日历年度结束后 60 日内，提供公司未经审计的年度合并会计报表；每日历年度结束后 120 日内，提供公司年度合并财务会计报告及其审计报告（聘请的会计师事务所须经投资人董事事先同意）。

第 56 条 ｜ 利润分配

建议条款

公司分配当年税后利润时，应当按公司章程规定弥补亏损和提取公积金。

公司弥补亏损和提取公积金后所余税后利润，按照股东实缴的出资比例分配。

如公司当年盈利且当年末累计未分配税后利润为正，公司应向股东分配不少于当年末累计未分配税后利润的【百分之三十】，但全体股东一致同意不分配的除外。股东会应在每个年度结束后【四】个月内就年度利润分配作出决议。

股东会作出分配利润的决议的，董事会应当在股东会决议作出之日起【六】个月内进行分配。

公司未按《公司法》及公司章程规定向股东分配利润的，股东应当将违反规定分配的利润退还公司；给公司造成损失的，股东及负有责任的董事、监事、高级管理人员应当承担赔偿责任。

法律依据和修改对照

法律依据：《公司法》第210条第1款、第4款，第211条，第212条。

修改对照：相比于《公司法》（2018年）第166条，《公司法》作出的修改包括：其一，将《公司法》（2018年）第166条第5款独立成条（第211条），并将违规主体由“股东会、股东大会或者董事会”修改为“公司”；增加了违规分配利润“给公司造成损失的，股东及负有责任的董事、监事、高级管理人员应当承担赔偿责任”。其二，新增第212条，规定已决议分配利润的派发或支付期限。

主要修改内容

1.《公司法》明确规定了违法分配利润的股东及负有责任的董监高应承担赔偿责任。

2.《公司法》新增第212条，规定已决议分配利润的派发或支付期限。

修改注意事项

1. 建议条款中以“【　】”标识的规模（比例）或期限可以根据实际情况进行调整。其中，建议条款第3款中的利润分配规模（比例）的确定需兼顾股东分红权保障与公司现金流需求，股东会就年度利润分配作出决议的期限的确定应具有合理性、可操作性；对于第4款中已决议分配利润的派发或支付期限，《公司法》规定为6个月，该6个月宜解释为最长期限，股东制定章程时可以协商确定短于6个月的期限。如此解释与《上市公司章程指引》第155条将派发股利的期限规定为两个月的内在逻辑相一致。

2. 建议条款第3款是关于与抽象利润分配请求权相关的分配频次（比如年度分配）、分配规模（比例）的规定，《公司法》并无相关规定。股东制定公司章程时可以根据实际需要选择是否使用该款，如不选用，则予以删除。

3. 《公司法》第210条第4款在规定一般原则即“有限责任公司按照股东实缴的出资比例分配利润”的同时，也规定“全体股东约定不按照出资比例分配利润的除外”。也就是说，有限责任公司可以不按照实缴出资比例分配利润，比如按认缴出资比例，或者对参与公司经营管理的股东给予高于其实缴出资比例的分红权，须经全体股东同意，并载入公司章程。需要特别注意的是，在有股东反对的情形下，不得通过经代表2/3以上表决权的股东同意修改公司章程的方式作出不按照实缴出资比例分配利润的安排。

对实践的影响

股东利润分配请求权分为抽象利润分配请求权和具体利润分配请求权。

抽象利润分配请求权是一种期待权，是股东基于其股东资格享有请求公司向其分配利润的固有权利，即便公司没有作出分配决定。《公司法》对于抽象利润分配请求权的保护主要体现在第89条，即在“公司连续五年不向股东分配利润，而公司该五年连续盈利，并且符合本法规定的分配利润条件”之情形下，“股东可以请求公司按照合理的价格收购其股权”，而没有规定与抽象利润分配请求权相关的分配频次、分配规模，公司章程作为公司自治的最重要文件，可以选择就此作出如建议条款第3款内容的明确规定。否则，将适用《公司法解释（四）》第15条规定：“股东未提交载明具体分配方案的股东会或者股东大会决议，请求公司分配利润的，人民法院应当驳回其诉讼请求……”

具体利润分配请求权也称利润支付请求权，是股东在股东会作出分配利润的决议后根据决议请求公司支付或派发利润的权利，实际是一种债权。根据《公司法》第212条“股东会作出分配利润的决议的，董事会应当在股东会决议作出之日起六个月内进行分配”之规定，是对具体利润分配请求权的保护。

例如，河南省高级人民法院（2020）豫民终1104号民事判决（入库编号2023-08-2-274-001）认为，法院以原告金某未能举证证明洛阳某公司已通过了载有具体分配方案的股东会决议，公司盈余利润是否分配是公司的商业判断，本质上属于公司的内部自治事项，通常情况下司法不宜介入为由，驳回其要求分配利润的诉讼请求。从该案例裁判要旨可知，如公司章程不对与抽象利润分配请求权相关的分配频次、分配规模等作出规定，一般情况下，股东可以行使的利润分配请求权实际只是已决议分配利润的支付请求权。

第 57 条 | 亏损弥补

建议条款

公司亏损的弥补可以使用任意公积金、法定公积金、资本公积金，但应当先使用任意公积金和法定公积金；仍不能弥补的，可以按照规定使用资本公积金。

依照前款规定弥补亏损后，仍有亏损的，可以减少注册资本弥补亏损。减少注册资本弥补亏损的，公司不得向股东分配，也不得免除股东缴纳出资或者股款的义务。

法律依据和修改对照

法律依据：《公司法》第 214 条第 2 款，第 225 条。

修改对照：相比于《公司法》（2018 年）第 168 条，《公司法》第 214 条第 2 款取消了资本公积金不得用于弥补公司亏损的法定限制，新增公积金弥补亏损的顺序规则。《公司法》第 225 条增加了使用注册资本弥补亏损，但以使用资本公积金弥补后仍有亏损为前提。

主要修改内容

《公司法》取消了原来资本公积金不得用于弥补公司亏损的

法定限制，新增公积金弥补亏损的顺序规则，新增使用注册资本弥补亏损规则。

修改注意事项

删除资本公积金不得用于弥补公司亏损的条款（如有），增加使用资本公积、注册资本弥补亏损的条款。

对实践的影响

1.《公司法》拓宽了可以用于弥补亏损的项目来源，增加了资本公积金、注册资本。

2. 使用资本公积金、注册资本弥补亏损，可以使公司甩掉亏损包袱，盘活企业经营，改善公司财务报表（包括但不限于优化权益结构，提高每一元注册资本对应的净资产水平），有利于吸引投资者，为公司融资奠定更好的基础。但资本公积金弥补亏损打破了资本和利润的界限，弥补亏损后进行利润分配，也会一定程度上影响债权人的权益保障，从而需要对其范围、程序等规定进行细化和规制。

3. 使用资本公积金弥补亏损，限于股东投入形成的金额确定、由全体股东共享且未限定用途的资本公积金。弥补亏损后，资本公积金余额不得为负。使用特定股东专享或限定用途的资本公积金弥补亏损的，应当取得权属方或用途设定方的同意。

4. 减少注册资本弥补亏损，是两个权益类科目即注册资本与未分配利润（亏损）之间的内部调整，并不减少公司净资产，不影响公司的偿债能力和信用基础。因此，无须通知债权人、无须满足债权人的清偿或担保诉求；虽应当自股东会作出减少注册资本决议之日起 30 日内在报纸上或者国家企业信用信息公示系统公告，但没有公告期45天的要求。相应地，使用注册资本弥补亏损也称“简易减资”。需要注意的是，用于弥补亏损的注册资本限于已实缴部分即实收资本，不包括认缴但未实缴部分。

第58条 法定公积金、任意公积金的提取和使用

建议条款

公司分配当年税后利润时，应当提取利润的百分之十列入公司法定公积金。公司法定公积金累计额为公司注册资本的百分之五十以上的，可以不再提取。

公司的法定公积金不足以弥补以前年度亏损的，在依照前款规定提取法定公积金之前，应当先用当年利润弥补亏损。

公司从税后利润中提取法定公积金后，经股东会决议，还可以从税后利润中提取任意公积金。

公司的公积金用于弥补公司的亏损、扩大公司生产经营或者转为增加公司注册资本。

法定公积金转为增加注册资本时，所留存的该项公积金不得少于转增前公司注册资本的百分之二十五。

法律依据和修改对照

法律依据：《公司法》第210条第1款、第2款、第3款，第214条第1款、第3款。

修改对照：相比于《公司法》（2018年）关于法定公积金、

任意公积金提取的规定，《公司法》上述条款未作修改。相比于《公司法》（2018 年）第 168 条关于公积金用途、法定公积金留存最低比例的规定，《公司法》上述条款未作修改。

对实践的影响

法定公积金的提取是公司法的强制性要求，公司法下的相关法律责任更宽泛，特别是增加了董事、监事、高级管理人员的责任，参见本指引第【56】条【利润分配】第 5 款。如在结转当年利润或进行利润分配时不提取法定公积金，相关主体应承担相应的法律责任。

例如，北京市门头沟区人民法院（2014）门民初字第 433 号民事判决认为，被告蔡某锋、王某、刘某刚所分得利润，在分配前未提取法定公积金留存公司，违反了法律的强制性规定，亦损害了北京某公司的利益。法院判决被告蔡某锋、王某、刘某刚返还北京某公司 193, 436. 80 元（相当于应提取未提取法定公积金的金额），作为法定公积金予以留存。该案原告为北京某公司的股东之一，该案为股东代表诉讼。

第 59 条 | 公司对外投资和为他人提供担保

建议条款

公司向其他企业投资或者为他人提供担保，由【董事会/股东会】决议。

公司为公司股东或者实际控制人提供担保的，应当经股东会决议。

前款规定的股东或者受前款规定的实际控制人支配的股东，不得参加前款规定事项的表决。该项表决由出席会议的其他股东所持表决权的过半数通过。

法律依据和修改对照

法律依据：《公司法》第 14 条、第 15 条。

修改对照：相比于《公司法》（2018 年）第 15 条、第 16 条，《公司法》上述条款未作修改。

修改注意事项

公司对外投资和为他人提供担保事项涉及公司治理权力的分配或者公司组织机构的决策权限。《公司法》第 15 条第 1 款规定："公司向其他企业投资或者为他人提供担保，按照公司章程的规定，由董事会或者股东会决议；公司章程对投资或者担保的总额及单项投资或者担保的数额有限额规定的，不得超过规定的限额。"由此可以看出，制定公司章程时应就公司向其他企业投资或者为他人提供担保事项选择由董事会或者股东会决定，也可以根据投资或担保金额划分不同的权限区间，由董事会或者股东会分别行使。使用本指引时，应对建议条款第 1 款中的"董事会/股东会"作出选择，或者进一步规定权限划分。当然，投资或担保权限划分也可另行规定在董事会、股东会议事规则（如有）中。

对实践的影响

公司对外投资和为他人提供担保对公司资产状况、财务状况产生重大影响，在公司章程中对该等事项决策权限进行明确、量化规定，能有效防范风险和减少纷争。公司提供担保导致公司发生或有债务风险，并在主债务不能清偿时实际承担担保责任，严重影响公司及股东权益。根据《公司法》第 15 条的规定，担保行为不是法定代表人所能单独决定的事项，而必须以公司股东会、董事会等的决议作为授权的基础和来源。同时，公司章程作为具有公示效果、效力的法律文件，规定并公示担保决策权限，明确债权人形式审查的边界，有助于进一步防范法定代表人越权对外担保，降低公司在担保合同被认定无效时的过错程度及相应的赔偿责任比例。

例如，上海市第一中级人民法院（2022）沪 01 民终 5419 号民事判决认为，一审法院首先认定上海某资产管理公司与苏州某科技公司之间的担保条款无效，理由是上海某资产管理公司未能提供证据证明在签订合同时审查过苏州某科技公司的机关决议；然后认定上海某资产管理公司对于担保条款的无效亦负有疏于审查的过错，而苏州某科技公司对于公章存在明显的疏于管理责任，进而酌定苏州某科技公司就苏州某商业管理公司对上海某资产管理公司的退款义务不能清偿部分承担 1/2 的赔偿责任。二审法院维持了一审法院的判决结果。二审法院认为，上海某资产管理公司和苏州某科技公司在签约过程中对于案涉合同担保条款的无效均存在过错。上海某资产管理公司未对苏州某科技公司对外提供担保是否经过董事会或者股东会决议进行形式审查，而苏州某科技公司对于公章管理存在疏漏。因此，一审法院结合双方的过错程度，判定苏州某科技公司承担 1/2 的赔偿责任是合理的。

第八章 公司合并、分立、增资、减资

第 60 条 | 公司合并

建议条款

公司合并可以采取吸收合并或者新设合并两种形式。

公司与其持股百分之九十以上的公司合并，被合并的公司不需经股东会决议，但应当通知其他股东，其他股东有权请求公司按照合理的价格收购其股权或者股份。

公司合并支付的价款不超过本公司净资产百分之十的，可以不经股东会决议；但是，公司章程另有规定的除外。

公司依照本条第二款、第三款规定合并不经股东会决议的，应当经董事会决议。

公司合并，应当由合并各方签订合并决议，编制资产负债表及财产清单，并自作出合并决议之日起十日内通知债权人，于三十日内在报纸上或者国家企业信用信息公示系统公告；债权人自接到通知之日起三十日内，未接到通知的自公告之日起四十五日内，可以要求公司清偿债务或者提供相应的担保。

公司合并时，合并各方的债权、债务，应当由合并后存续的公司或者新设的公司承继。

法律依据和修改对照

法律依据：《公司法》第 218 条、第 219 条、第 220 条、第 221 条。

修改对照：相比于《公司法》（2018 年）第 172 条，《公司法》第218条并无变化。

《公司法》第219条为新增条款，新增了简易合并与小规模合并的规定。

相比于《公司法》（2018年）第173条，《公司法》第220条新增了公司合并应在国家企业信用信息公示系统公告条款。

相比于《公司法》（2018年）第174条，《公司法》第221条无变化。

主要修改内容

《公司法》第219条在《公司法》（2018年）的基础上，新增了简易合并及小规模合并情形，可以简化股东会审议的规定，且适用于有限责任公司和股份有限公司。其中：在简易合并情形下，被合并方可以不经股东会决议仅经董事会决议即实施公司合并；在小规模合并下，收购方可以不经股东会决议仅经董事会决议即可实施。

同时完善了公告途径，明确除报纸外还可以通过“国家企业信用信息公示系统”作为公告，既便捷了企业的公告渠道，又利于主管机关及时了解企业状况。

修改注意事项

《公司法》借鉴域外法的经验，引入了简易合并及小规模合并制度，但现行规定关于适用范围以及其他股东的救济渠道尚存解读及进一步细化的空间，在细化规定出台前，为更好表达公司股东的真实意思表示，公司可以在章程或股东协议中作出意定。例如，对于适用范围，明确小规模合并是否仅适用于支付现金的合并，还是同时适用于股权及实物置换的合并；或者在公司章程中排除简易合并和小规模合并的适用；或者设置严于《公司法》规定的适用简易合并及小规模合并的标准（如提高持股比例、要求合并公司业务具有相关性）。对于股东救济方面：对简易合并的通知主体、通知时限、内容等作细化规定；给予小规模合并情形下异议股东必要的救济措施。

另外，对于简易合并与小规模合并，若不经股东会决议，章程应明确须经过董事会决议，以此在简化程序时保障公司治理的合理性与合法性。

公司在修订公司章程时，应明确增加关于公司合并或分立需在国家企业信用信息公示系统公告的相关规定，确保与《公司法》要求一致。

对实践的影响

《公司法》引入了简易合并制度并豁免了被合并公司的股东会决议，但立法同时规定其他股东享有知情权及回购请求权作为弥补措施，当然其他股东还可以依据公司法其他常规渠道予以救济，未来司法实践中此类的董事会决议瑕疵诉讼、股东代表诉讼可能会增加。

关于小规模合并的救济，相比于简易合并，《公司法》未专门规定适用于小规模合并的救济渠道。对于被收购公司可以依据《公司法》第 89 条、第 162 条主张异议股东回购请求权，收购公司未召开股东会，也未形成股东会决议，其股东可以通过董事会决议瑕疵诉讼、股东代表诉讼等方式实现权利救济。

鉴于小规模合并对存续公司的影响轻微，《公司法》未规定额外的救济程序，允许公司章程作其他规定。

实践中，公司合并时需更加注重程序的合规性，否则可能面临债权人要求提前清偿债务或提供担保的压力，甚至可能引发法律纠纷，影响合并进程和公司的正常经营。例如，江苏省高级人民法院（2016）苏民终187号民事判决认为："公司合并涉及公司组织结构的变更，影响债权人等相关利害关系人的利益，应当严格遵守公司法的规定。合并过程中相关行为构成侵权的，侵权人应当承担相应的赔偿责任。本案中，致达科技公司将五洲纸业公司无偿并入新大纸业公司的行为，违反公司合并制度立法目的，侵害了五洲纸业公司债权人十三冶公司的合法权利，造成了十三冶公司的损失，构成侵权，应当承担相应的损失赔偿责任。"

第61条 | 公司分立

建议条款

公司分立，应当编制资产负债表及财产清单。公司应当自作出分立决议之日起十日内通知债权人，并于三十日内在报纸上或者国家企业信用信息公示系统公告。

公司分立前的债务由分立后的公司承担连带责任。但是，公司在分立前与债权人就债务清偿达成的书面协议另有约定的除外。

法律依据和修改对照

法律依据：《公司法》第222条、第223条。

修改对照：相比于《公司法》（2018年）第175条，《公司法》第222条新增了公司分立通过国家企业信用信息公示系统公告的条款。

相比于《公司法》（2018 年）第 176 条，《公司法》第 223 条无变化。

主要修改内容

《公司法》在原有条款基础上，新增了公司分立时通过国家企业信用信息公示系统向债权人公告的方式。

修改注意事项

公司修订公司章程时，需明确公司分立在国家企业信用信息公示系统公告的细则，确保与《公司法》衔接。

对实践的影响

实践中，在国家企业信用信息公示系统公告公司分立信息，可促使公司分立操作更规范严谨，提升治理水平与信誉，信息同步有助于减少纠纷。

第 62 条 | 增加注册资本

建议条款

依照法律、行政法规的规定，经股东会决议，公司可以增加注册资本。

公司增加注册资本时，股东在同等条件下有权优先按照实缴的出资比例认缴出资，全体股东约定不按照出资比例优先认缴出资的除外。

公司增加注册资本时，股东认缴新增资本的出资，应在五年内缴足。

法律依据和修改对照

法律依据：《公司法》第227条、第228条。

修改对照：相比于《公司法》（2018年）第34条，《公司法》第227条在优先认购权方面增加了"同等条件"的限定；相比于《公司法》（2018年）第178条，《公司法》第228条无变化，主要强调了新增资本应与有限责任公司认缴制度相一致，对于《公司法》新修订的5年认缴制意义重大。

主要修改内容

《公司法》与《公司法》（2018年）规定对比，在优先认购权方面增加了"同等条件"限定，优先认购权行使多在公司引入外部投资者时，现有股东优先认缴，但需以"同等条件"为前提。

修改注意事项

1. 出资期限与股东实力要匹配：增资条款要遵循5年内缴足的规定，确定增资金额时，需充分评估股东资金实力，保障5年内完成实缴。

2. 出资提前到期：公司无法清偿到期债务，公司或债权人有权要求未届出资期限的股东提前缴纳新增资本。

3. 满足表决权要求：有限责任公司作出增资决议时，须由代表2/3以上表决权的股东签署。

4. 明确"同等条件"的标准：在公司章程或者股东会决议

中，应当尽可能清晰地界定“同等条件”的内涵，如对出资价格、出资时间、出资方式等关键要素进行量化或说明，避免因标准不明引发股东间的争议。

对实践的影响

例如，最高人民法院（2010）民提字第48号民事判决认为，科某公司在股东红某公司、蒋某明确表示反对的情况下，未给予红某公司和蒋某优先认缴出资的选择权，径行以股权多数决的方式通过了由股东以外的第三人陈某高出资800万元认购科某公司全部新增股份615.38万股的决议内容。该决议侵犯了红某公司和蒋某按照各自的出资比例优先认缴新增资本的权利，该决议中涉及侵犯优先认缴权的部分无效。

这体现了若无“同等条件”限制及对优先认购权的保障，可能出现外部投资者以不合理条件增资，损害现有股东权益的情况，而“同等条件”限制可防止此类低价认购、恶意稀释股权的行为。

第63条 | 减少注册资本

建议条款

依照法律、行政法规的规定，经股东会决议，公司可以减少注册资本。

公司减少注册资本，应当编制资产负债表及财产清单，并应当按照《公司法》第二百二十四条规定的程序办理。

公司减少注册资本，应当按照股东的出资比例相应减少出资额，法律另有规定或者全体股东另有约定的除外，股东非等比例减资时，必须经全体股东一致同意。

公司依照《公司法》第二百二十四条、第二百二十五条的规定减少注册资本后，在法定公积金和任意公积金累计额达到公司注册资本百分之五十前，不得分配利润，如因违法分配利润给公司造成损失的，负有责任的董事、监事和高级管理人员应当承担赔偿责任。

法律依据和修改对照

法律依据：《公司法》第224条、第225条、第226条。

修改对照：相比于《公司法》（2018年）第177条，《公司法》在实质减资程序中明确，将股东按照出资比例减少注册资本作为一般原则，将非等比例减资作为例外情形；而第225条简易减资的条件及程序规定，第226条违法减资的民事法律责任规定均为新增内容，进一步完善了减资规则体系。

主要修改内容

1. 明确公司非等比例减资需全体股东一致同意，避免争议。

2. 在形式减资（不减少公司净资产）程序中，虽无须清偿或提供担保，但需要在股东会作出减资决议起30日内在报纸或国家企业信用信息公示系统公告，并遵守利润分配限制，保障债权人及公司利益平衡。

修改注意事项

1. 满足表决要求：有限责任公司减少注册资本的决议，须由代表 2/3 以上表决权的股东签署。

2. 对于公司章程仅笼统规定“减资须三分之二以上表决权通过”，未明确是否涵盖非等比减资的，非等比减资时可能因未区分减资类型被认定无效。

3. 履行债权人保护程序：自决议作出之日起 10 日内通知债权人，并于 30 日内在报纸或国家企业信用信息公示系统公告。

对实践的影响

在实践中，非等比例减资情况较为常见，如通过定向减资使个别股东退出股权投资。若事先无约定，易引发股东矛盾，导致减资无法顺利进行。例如，上海第一中级人民法院（2018）沪 01 民终 11780 号华某某与上海圣甲虫电子商务有限公司公司决议纠纷案中，因公司定向减资未事先约定及未遵循全体股东一致同意原则，部分股东对减资方案提出异议，致使公司运营受阻，并引发系列纠纷。

另外，简易减资虽不减少公司净资产，但对债权人的影响仍存在，如可能影响债权人对公司偿债能力的判断。无论是实质减资还是形式减资，若违法减资给债权人造成损失，债权人可依法向公司股东、董事、监事和高级管理人员主张赔偿责任。例如，北京市通州区人民法院在（2024）京 0112 民初 4292 号判决书中阐明，公司减资时，应通知债权人并公告。公司仅对减资事项进行公告，却并未直接通知债权人，不符合法定减资程序，损害债权人合法权益。股东对公司减资时的通知义务应尽合理注意义务，故股东对公司减资的程序瑕疵有过错，股东应当在减资数额范围内对公司债务不能清偿部分承担补充赔偿责任。

第九章　公司的解散和清算

第 64 条 | 公司解散的事由

建议条款

公司因下列原因解散：

（一）公司章程规定的营业期限届满；

（二）股东会决议解散；

（三）因公司合并或者分立需要解散；

（四）依法被吊销营业执照、责令关闭或者被撤销；

（五）人民法院依照《公司法》第二百三十一条的规定予以解散。

公司出现前款规定的解散事由，应当在十日内将解散事由通过国家企业信用信息公示系统予以公示。

法律依据和修改对照

法律依据：《公司法》第 229 条。

修改对照：相比于《公司法》（2018 年）第 180 条，《公司法》增加了公司“解散事由公示”的规定，《公司法》第 229 条第 2 款规定，解散事由出现后，应当在 10 日内将解散事由通过国家企业信用信息公示系统予以公示。

主要修订内容

重点在于明确公司解散事由，并强制要求公司在规定时间内通过特定系统公示解散事由，完善公司解散程序的信息公开环节。

修改注意事项

1. 公司可根据需要在公司章程中自治规定解散事由。

2. 公司章程在规定解散事由的公示制度时，需明确规定公示的途径、内容与时间要求，确保相关利害关系人（债权人、股东、合作伙伴等）能及时获取信息。

对实践的影响

公司解散公示制度对于实践而言，对保障各方权益有着极为关键的作用。

在利害关系人的界定方面，其范围相较于《公司法》（2018 年）所规定的债权人更为广泛。除债权人外，还涵盖了小股东、法定代表人、实际控制人、经理以及职工等群体。其中，那些亟待及时涤除公司法定代表人身份的自然人，以及实际未任职却挂名的高级管理人员等相关方更是重点关注对象。可以预见，该制度在未来实践中大概率会引发诸多争议。特别需要留意的是，若公司对上述主体的身份存疑并提出异议，那么往往可能需要借助诉讼程序予以确认，以此来精准判定各主体在公司解散过程中的权利与义务，充分保障各方合法权益不受侵害，确保公司解散事宜能够在合法、合规、公正、透明的框架内有序推进。

第 65 条 | 清算组的组成

建议条款

公司因本章程第【64】条第一款第一项、第二项、第四项、第五项规定而解散的，应当清算。董事为公司清算义务人，应当在解散事由出现之日起十五日内组成清算组进行清算，清算组由董事组成。

清算义务人未及时履行清算义务，给公司造成损失的，应当承担赔偿责任。

法律依据和修改对照

法律依据：《公司法》第232条、第233条。

修改对照：相比于《公司法》（2018年）第183条，《公司法》第232条、第233条有三处改变：

(1)《公司法》第232条第1款明确董事为清算义务人，新增了清算义务人未履行清算义务的赔偿责任；

(2)《公司法》第232条第2款将有限责任公司的清算组成员由“股东”组成修改为由“董事”组成，并赋予了公司章程及股东会决议可另行约定的权利；

(3)《公司法》第233条将强制清算申请人范围由“债权人”扩大至“利害关系人”。

主要修改内容

1. 《公司法》第 232 条第 1 款规定了董事为清算义务的第一责任人，相比于《公司法》（2018 年）第 183 条，在一定程度上解决了因清算组成员不明确而导致无法履行或怠于履行清算义务从而可能影响自行清算的问题。

2. 《公司法》第 232 条第 2 款新增了清算组成员组成的原则与例外，规定了清算组原则上由董事组成，也可由公司章程规定或股东会决议另行选定清算组成员（如股东、监事、高级管理人员、具备相关专业知识的人员或中介机构等）。

3. 《公司法》第 232 条第 3 款为新增内容，新增了清算义务人未履行清算义务的赔偿责任。

修改注意事项

关于清算组成员的修订建议，《公司法》规定清算组由董事组成，但同时公司章程可以作出另外规定，存量公司现有公司章程多是跟《公司法》（2018 年）规定的“清算组由股东组成”一致，故《公司法》实施后，如不对前述公司章程条款进行修改，则公司的清算义务人虽变为董事，但清算组成员仍为股东。如公司根据《公司法》修改已经全面由股东会中心变为董事会中心，但清算组成员又仍是股东，将会导致公司治理的连续性的脱节，故公司需要根据实际情况对应调整。

对实践的影响

1. “挂名”董事的清算责任。《公司法》将公司董事规定为清算义务人，并且明确规定，在董事未及时履行清算义务的情况下，给公司或者债权人造成损失的，董事都应当承担赔偿责任。前述规定与《民法典》第70条规定的清算义务人规则保持一致。对于事实上不执行公司事务的“挂名”董事而言，他们基本上从未参与过公司经营决策，在清算事由出现时，单凭一己之力也无法推动清算事务，在《公司法》施行之后，此类挂名董事存在较大的清算责任风险。

2. 独立董事、职工董事的清算责任。《公司法》将董事规定为清算义务人，并未区分董事类别，即独立董事和职工董事在理论上都有公司清算责任。在司法实践中，法院认定公司的董事为清算义务人，并未对独立董事和职工董事作出例外处理。对此，公司可以通过制定公司章程或股东会决议来为独立董事和职工董事设置一些合理的免责条件，以确保法规执行的公平性和合理性。

3. 离职董事的清算责任。《公司法》第70条规定的“在改选出的董事就任前，原董事仍应当依照法律、行政法规和公司章程的规定，履行董事职务”也包括公司清算义务。

从实践中来看，司法机关会认为，原董事虽然提出辞职，但公司在改选新的董事之前，原董事仍需履行其应尽职责。例如，广东省深圳市中级人民法院（2020）粤03民终9538号民事判决认为，在改选出的董事就任前，原董事仍应继续履行相关职责。这一原则同样适用于履行清算义务。

4. 对于清算组的成员组成，《公司法》赋予了公司章程或股东会决议可另选他人的权利。实践中可能会出现大股东借修改章程或股东会决议将自身排除在清算组外、逃避清算义务的情况，建议可通过章程约定来平衡各方的责任。

第 66 条 | 清算组的职权及通知义务

建议条款

清算组在公司清算期间行使如下职权：

（一）清理公司财产，分别编制资产负债表和财产清单；

（二）通知、公告债权人；

（三）处理与清算有关的公司未了结的业务；

（四）清缴所欠税款以及清算过程中产生的税款；

（五）清理债权、债务；

（六）分配公司清偿债务后的剩余财产；

（七）代表公司参与民事诉讼活动。

清算组应当自成立之日起十日内通知债权人，并于六十日内在报纸上或者国家企业信用信息公示系统公告。

法律依据和修改对照

法律依据：《公司法》第 234 条、第 235 条。

修改对照：相比于《公司法》（2018 年）第 184 条、第 185 条，《公司法》清算组职权范围基本一致。在通知义务方面，新增国家企业信用信息公示系统作为公告渠道，原规定仅为在报纸上公告。

主要修改内容

新增国家企业信用信息公示系统作为清算公告渠道，强化清算信息公示力度。

修改注意事项

清算组需严格依程序在规定时间内完成通知与公告动作，通知要及时有效，公告要在指定报纸和国家企业信用信息公示系统准确进行，申报债权期间不得对债权人清偿。

对实践的影响

1. 清算程序层面：利于规范清算程序，减少因通知不到位而产生的纠纷，保障清算顺利推进。

2. 公司相关方层面：规范的清算职权行使可保障股东及其他相关方权益分配的公正性，避免矛盾纠纷。

第 67 条 | 财产清理

建议条款

清算组完成公司财产清理、资产负债表及财产清单编制后，应制订清算方案，报股东会确认。

法律依据和修改对照

法律依据：《公司法》第 236 条、第 237 条。

修改对照：相比于《公司法》（2018 年）第 186 条、第 187 条，《公司法》核心框架与原则不变。

主要修改内容

整体规定无重大变动，进一步强调各环节的严谨性与规范性，使公司清算在操作层面更具指引性。

修改注意事项

《公司法》第236条、第237条规定的清算组制订清算方案要严谨合规，遇资不抵债应迅速启动破产申请，公司章程可根据公司需要进行补充。

对实践的影响

这有助于规范内部清算管理，避免股东纠纷，确保公司有序退出市场。

第68条 | 清算组成员的义务与责任

建议条款

清算组成员履行清算职责，负有忠实义务和勤勉义务。清算组成员怠于履行清算职责，给公司造成损失的，应当承担赔偿责任；因故意或者重大过失给债权人造成损失的，应当承担赔偿责任。

法律依据和修改对照

法律依据：《公司法》第238条。

修改对照：相比于《公司法》（2018年）第189条，《公司法》第238条进一步明确了清算组成员的忠实义务，新增了清算组成员的勤勉义务，明确了清算组成员怠于履行清算职责时对公司的赔偿责任。

主要修改内容

将清算组成员的义务进行细化和扩展，从仅强调忠实义务，拓展到同时明确勤勉义务，使对清算组成员的履职要求更加全面和具体，以更好地规范清算组的行为，保障公司清算程序的合法、公正、高效进行，保护公司及债权人的合法权益。

对实践的影响

例如，上海市第二中级人民法院（2022）沪02民终3822号民事判决认为，某实业公司股东李某文、郑某明成立清算组，成员还有杨某俊。但该公司实际未开展清算，相关注销材料及财务数据均不实，且未通知债权人某银行。一审法院判决李某文、郑某明承担清偿责任，二审维持原判，认定李某文、郑某明应就某实业公司未能清偿某银行的案涉全部债务承担赔偿责任。此案例体现了清算组未依法履行清算职责，怠于履行通知债权人等清算职责，需承担相应赔偿责任，凸显了《公司法》第238条的规定在司法实践中的意义与应用。

第69条 | 申请注销登记

建议条款

公司清算结束后，清算组应当制作清算报告，报股东会确认，并报送公司登记机关，申请注销公司登记。

法律依据和修改对照

法律依据：《公司法》第239条。

修改对照：相比《公司法》（2018年）第188条基本无异，只是删去了“公告公司终止”内容。

主要修订内容

此次修订简化了公司注销流程的表述，减少了“公告公司终止”这一环节，使公司注销程序重点更突出，聚焦于向登记机关申请注销登记相关步骤，有助于提高公司清算后注销登记环节的效率。

修改注意事项

该条系公司章程的常规条款，主要注意制作清算报告须合规，股东会召开须符合法定程序。

对实践的影响

在实际办理注销登记前，可与当地公司登记机关进行沟通，了解其在具体操作层面对于公司法下注销流程的细化要求和注意事项，确保提交的申请材料及办理流程完全符合规定，减少因沟通不畅或理解偏差而出现的办理延误或退回等情况。

第十章 附则

第 70 条 | 公司章程修改的情形

建议条款

公司股东会根据法律、行政法规及公司章程的规定，有权修改公司章程。有下列情形之一的，公司应当修改公司章程：

（一）公司章程规定的事项与现行的法律、行政法规、规章及规范性文件相抵触；

（二）公司的情况发生变化，与公司章程记载的事项不一致；

（三）股东会决定修改公司章程；

（四）发生应当修改公司章程的其他情形。

法律依据和修改对照

法律依据：公司章程修改主体的法律依据是《公司法》第 59 条第 1 款第 8 项。对于公司章程修改的条件，《公司法》并没有设置专门条款作出明确的列举性规定，而是分散在其他章节和条款之中。

修改对照：修改公司章程的主体为股东会，这一规定相比于《公司法》（2018 年）没有发生修改，仅是法条序号的调整。

修改注意事项

出于完善公司章程结构的考虑，以及在公司章程中明确修改公司章程的主体和条件，可以参考上述建议条款部分中示例的条款，在公司章程中增加公司章程修改的专门章节，或者根据实际需要设置“附则”章节并把公司章程修改内容加入其中，从而对修改公司章程的主体和条件加以明确规定。公司也可以对触发公司章程修改程序的具体情形按照实际情况作进一步规定。

对实践的影响

《公司法》第 59 条中规定公司股东会是修改公司章程的主体，属于强制性规定，在实践中也是市场主体的共识，因此在实践中通常很少引起争议。在目前的公司治理实践中，公司初创时的公司章程有较大可能采用工商部门的标准模板，且后续修改公司章程时一般也不会对涉及公司章程修改主体的相关条款进行变动，所以，公司章程在修改主体上出现直接的违法性规定的概率相对较低。但是在实践中，也有公司董事会决议的某些内容构成对公司章程的实质性修改进而被法院撤销的情况。例如，上海市第二中级人民法院（2019）沪 02 民终 4260 号民事判决（入库编号 2024－08－2－270－002）认为，上海某企管公司的董事会形成了一份决议，将公司章程中原本应当由总经理行使的经营管理职权改为由董事长行使，将公司的办公场所搬至另外一处地点。法院认为，上述决议的相关内容构成对公司章程有关规定的实质性变更，而修改公司章程的决议必须经股东会同意，因此判决将相关董事会决议撤销。这种董事会“有意无意”混淆公司章程修改主体的做法，应当予以避免。公司董事会在形成某项决议时，须考虑一下该决议的实质意思是否可能涉及公司章程变更事项，并将此类事项交由股东会决议，免得“越俎代庖”；同时股东会在作出某项决议时，也应注意所作决议的实质意思是否涉及公司章程变更事项，如是，则需依法完成相关程序。

第 71 条 | 公司章程修改的程序

建议条款

股东会会议作出修改公司章程的决议，必须经代表三分之二以上表决权的股东通过。

公司章程修正案经股东签名或者盖章之日起生效。

法律依据和修改对照

法律依据：《公司法》第 66 条第 3 款。

修改对照：相比于《公司法》（2018 年），《公司法》第 66 条第 3 款规定，股东会作出修改公司章程等决议，应当经代表 2/3 以上表决权的股东通过。这一规定没有发生修改，仅是法条序号的调整。

修改注意事项

关于公司章程生效条件，由于《公司法》和《市场主体登记管理条例》未对公司章程生效的条件作专门规定，为了避免就此产生争议，可以参考上述建议条款部分中示例的条款，在修改的公司章程版本中将修改公司章程的生效条件一并规定清楚。

对实践的影响

根据《公司法》第 26 条、第 27 条的有关规定，没有召开股东会会议、没有进行表决或者表决的人数/表决权数违反法律法规或公司章程之规定的，则股东会决议不成立；会议召集程序、表决方式存在瑕疵，对决议造成了实质性影响，则股东会决议可撤销。因此，公司章程的修改必须遵循法定程序和公司章程规定的表决程序，如果公司章程的修改违反了法定程序和公司章程规定的表决程序，可能导致该修改不成立或被撤销。例如，如果公司章程规定修改公司章程的决议应由全体股东一致表决通过，但是实际只有 2/3 表决权对应的股东予以同意，那么该公司章程修改决议不成立；如果该公司章程修改决议存在没有按照法定天数提前通知开会、没有通知部分股东、召集人没有召集资格等程序瑕疵，对该公司章程修改决议产生了实质影响，那么该公司章程修改决议则可能会被法院撤销。例如，云南省昆明市中级人民法院（2017）云 01 民终 7595 号民事判决认为，某公司 2016 年召开的临时股东会决议有一位股东没有参会并表决，不符合公司章程关于“修改公司章程的特别决议由全体股东出席，并经全体股东通过”的规定，最终没有支持原告提出确认上述临时股东会决议有效的诉讼请求。又如，北京市第二中级人民法院（2023）京 02 民终 2770 号民事判决认为，某公司未通知股东参加股东会进行决议，损害了股东参与公司治理的表决权，对股东权利造成实质损害，最终判决诉争的股东会决议不成立。一言以蔽之，公司章程修改决议务必做到程序正当。另外需要提示的是，如果公司章程修改的内容本身存在违反法律法规的情况，如决议某一股东从公司提取部分出资（抽逃出资），则即便该决议程序正当，却依然无效。

对于修改后公司章程的生效条件，也建议在公司章程中进行规定，如本条的建议条款就把股东在修改后的公司章程上签章作为其生效条件，这样可以避免后续各方就公司章程是否生效产生争议。同时需要注意的是，如果公司在公司章程某一条款中明确规定了修改后公司章程的生效条件，那么就应当避免在公司章程其他条款中出现与前一生效条件相矛盾的规定，否则可能会发生争议。例如，最高人民法院（2014）民提字第00054号民事判决认为，某公司的公司章程中先是规定该公司章程经公司登记机关登记后生效，而后又规定该公司章程于订立之日起生效。最高人民法院认为，经法定程序修改的公司章程，自股东达成修改公司章程的合意后即发生法律效力，登记机关登记并非公司章程的生效要件。尽管法院最终对公司章程生效标准的问题作出了认定，但是公司也承受了本可避免的诉讼成本。

基于小股东持股比例较低的情况，建议可以对公司的利润分配及公司解散时剩余资产分配事项的表决程序设置特别表决程序生效的公司章程条款。例如，在公司章程中规定，对于公司利润及剩余资产分配等关乎小股东直接经济利益的事项按照全体股东一致同意等特别表决程序，旨在保护持股比例较低的小股东在上述事项的设置或修改时的切身利益。如果按有表决权的2/3通过公司章程修改事项的规定，小股东有可能在上述事项表决中无法落实自己的表决意见，因为享有67%以上表决权的控股股东在理论上可能会通过修改公司章程为利润分配及剩余资产分配这样的事项侵害小股东的权益。例如，最高人民法院（2016）最高法民终528号民事判决认为，某公司大股东持股60%，另一股东持股40%，公司在具备可分配利润的情况下却因为大股东的控制而长期不能形成利润分配决议，最终经最高人民法院审理后判决才确定了应该分配的利润。因此，在公司章程的制定及修改阶段，小股东可以通过上述特别表决程序的制度保障，限制大股东利用表决权优势侵害自身权益。以下建议条款可供参考："公司如需对涉及股东利润分配权、新股优先认购权、剩余资产分配请求权等股东重要经济权利的章程条款进行相应修改的，则此类公司章程修改议案应当经过全体股东一致表决同意后方可通过。”但从另一方面讲，设置这样的特别表决程序也可能造成公司章程制定或修改的僵局，因此需要结合公司实际情况综合考虑。

第 72 条 | 公司章程修改的审批和登记

建议条款

股东会通过的公司章程修改事项应经主管机关审批的，须报原审批的主管机关批准后办理变更登记。公司登记事项发生变更涉及修改公司章程的，须在修改公司章程后办理变更登记。应自公司章程修正案生效之日起三十日内向登记机关提交变更登记申请。

法律依据和修改对照

法律依据：《公司法》第 34 条、第 35 条。

修改对照：《公司法》第 34 条、第 35 条均为新增条款。

主要修改内容

对于公司章程修改，《公司法》第 34 条第 1 款规定：“公司登记事项发生变更的，应当依法办理变更登记。”第 35 条第 2 款规定：“公司变更登记事项涉及修改公司章程的，应当提交修改后的公司章程。”根据上述规定，公司负有申请变更登记的义务，旨在保证登记信息的及时性与准确性，降低交易成本，维护交易安全。通常而言，登记事项的具体信息也会在公司章程中一并体现，因此在变更登记事项时也需要将公司章程作相应修改并将修改后的公司章程提交登记机关。

修改注意事项

现行《公司法》已将变更登记、提交公司章程备案作为公司的法定义务，因此建议企业参考本条上述建议条款，将变更登记事项和修改、提交公司章程的相关程序性工作在公司章程中予以明确，同时设定一个申请提交期限，避免因公司事务繁杂而被延误乃至搁置。《市场主体登记管理条例》第 24 条规定的最长变更登记期限为 30 日。

对实践的影响

《公司法》第 260 条第 2 款规定："公司登记事项发生变更时，未依照本法规定办理有关变更登记的，由公司登记机关责令限期登记；逾期不登记的，处以一万元以上十万元以下的罚款。"该条款明确了公司未依法履行变更登记义务的相应法律责任。因此，在公司章程中就公司变更登记及备案公司章程作专门规定，并设定明确的执行主体和执行期限，可以起到敦促、推动的作用，降低公司在运营过程中因此而发生行政处罚或民事纠纷的概率。

另外，关于变更登记事项的前置审批程序，如果公司从事的行业涉及前置审批程序，且在前置审批中规定公司章程修改事项也需要前置审批的，须完成前置审批程序后办理公司章程的修改及变更登记手续。涉及前置审批的特殊行业包括但不限于金融、教育、医疗、民用爆炸物品生产、烟花爆竹生产等。这些行业在修改公司章程的经营范围时，如增加的经营事项涉及前置审批的，需要依法经过相关部门的批准或许可，以确保公司的合法运营。

前置审批的定义和法律依据：前置审批是指在办理营业执照前，需要先向相关部门申请批准的项目。《公司法》第 9 条第 2 款规定："公司的经营范围中属于法律、行政法规规定须经批准的项目，应当依法经过批准。"

另外，对于国有独资公司，修改公司章程必须遵照《国有企业公司章程制定管理办法》和当地实施的相关文件制度，并及时向国资监管部门报批。批准后方可进行公司章程修改及变更。

第 73 条 | 公司章程的解释

建议条款

公司章程由公司董事会（**【提示】**只设一名董事时则由董事）负责解释。

法律依据和修改对照

法律依据：《公司法》第 59 条、第 67 条。

修改对照：《公司法》第 59 条第 1 款第 8 项股东会行使"修改公司章程"的职权相比于《公司法》（2018 年）第 37 条第 1 款第 10 项未作变动。

主要修改内容

《公司法》第 67 条第 2 款第 10 项董事会行使“公司章程规定或者股东会授予的其他职权”相比于《公司法》(2018 年)第 46 条第 11 项，增加了“或者股东会授权的其他职权”。

修改注意事项

对董事会授权公司章程解释需要谨慎，防止董事会权利滥用，反倒对股东造成挟制。如按照公司经营管理需要，须对董事会/董事授予公司章程解释权，则可相应设置兜底性的最终解释表决条款，即如果监事会/监事或股东对董事会就公司章程作出的解释存在争议，可交由股东会通过表决程序对相关争议作出最终解释或实际处理。

对实践的影响

公司章程由公司股东会制定和修改，其解释权也应属于股东会。实务中，很多公司在制定公司章程时将公司章程由董事会解释写进公司章程，这是股东会对董事会的授权。因此，在发生争议时，如果公司章程有明确授权，则董事会有解释权；反之则没有解释权。

由于公司章程对公司经营的重要性，因此公司章程的解释和解释权将对公司内部和外部产生一定的影响，主要体现在其法律效力、管理权限和交易安全等方面。

对公司内部的影响：(1) 法律效力：公司章程对公司内部具有约束力，规定了公司的组织结构、职权分配和议事规则等。这些内容对公司、股东、董事、监事和高级管理人员具有约束力，但不具有对外效力。（2）管理权限：公司章程可以决定公司的经营范围、法定代表人、高级管理人员等重要职位的任命和管理。例如，公司章程可以规定哪些人属于公司的高级管理人员，并对他们的职权进行约束和管理。（3）内部治理：公司章程还涉及公司对外担保和投资事项的决议，以及重大资产转让等事项的决策权。

对公司外部的影响：（1）法律效力：公司章程中涉及公司基本情况和重要事项的信息，如公司名称、住所、经营范围、注册资本等，具有对外效力。这些信息对于外部第三方，如合作伙伴、投资者或债权人等，具有重要的参考价值。（2）交易安全：公司章程对于保证交易安全具有重要作用。例如，公司章程中关于对外担保和投资事项的规定，可以确保外部交易的安全和合法性。（3）信息透明度：公司章程的公开性使得外部人员可以依赖这些信息来了解和评估公司的基本状况和信誉，从而作出合理的商业决策。

因此，公司章程的解释及解释权在经营过程中对内对外将会产生深远的影响。

第 74 条 | 其　他

建议条款

公司章程经公司股东会审议通过之日起生效并施行。公司章程自生效之日起，即成为规范公司的组织与行为、公司与股东之间权利义务关系的具有法律约束力的文件，以及对公司、股东、董事、监事、高级管理人员具有法律约束力的文件。

公司章程以中文书写。其他任何语种或者不同版本的公司章程与公司章程有歧义时，以在市场监督管理局最近一次核准登记后的中文版公司章程为准。

公司章程所称“以上”“以内”“以下”，都含本数；“不满”“以外”“低于”“多于”“超过”不含本数。

公司应当通过国家企业信用信息公示系统向社会公示公司章程、年度报告、股东缴纳出资情况等信息，具体公示内容按国家相关规定执行。

公司章程一式叁份，包括报公司登记机关备案壹份。

公司章程于【　　年　　月　　日】订立。

全体股东签名或者盖章：

法律依据和修改对照

法律依据：《公司法》第5条、第46条。

修改对照：《公司法》第5条对应《公司法》（2018年）第11条规定，未作变动。《公司法》第46条对应《公司法》（2018年）第25条的规定进行了修改。

主要修改内容

《公司法》第46条相较于《公司法》（2018年）第25条，将有限责任公司章程应当载明事项第8项修改为“股东会认为需要规定的其他事项”，删除了“股东会会议”中的“会议”二字，使公司治理结构与对外经营活动相适应；同时将公司章程生效条件由股东“签名、盖章”修改为股东“签名或者盖章”，不再要求股东签名并盖章，是对自然人股东签字、法人股东盖公章习惯的肯定。

修改注意事项

公司可根据实际情况确定附则内容，但需注意附则的规定不应与前面章节的规定出现冲突之处。

对实践的影响

公司章程的附则部分通常用于补充说明一些未尽事宜或者特别规定。附则的内容一般包括公司章程的解释权、实施要求、生效日期以及其他未尽事项等，可根据公司性质、规模等适当增减、调整。

公司章程按照公司章程规定的表决程序生效后，即具有对内契约效力。除法律另有规定外，公司设立时制定的初始章程，自公司登记机关登记之日起对外产生法律效力，公司成立后修改公司章程的，可规定依据通过的有效修订决议生效。需要注意的是，对于国有独资公司、涉及国家安全的外商投资公司、涉及国计民生和关键领域的特定行业公司（包括但不限于金融、教育、医疗、民用爆炸物品生产、烟花爆竹生产等）还需经主管部门审批后方产生法律效力。

附录

附录 1

有限责任公司章程模板

第一章 总 则

第 1 条 章程制定的依据

【建议条款】

为规范公司的组织和行为，保护公司、股东、职工、债权人的合法权益，完善中国特色现代企业制度，弘扬企业家精神，维护社会经济秩序，促进社会主义市场经济的发展，依照《中华人民共和国公司法》（以下简称《公司法》）的有关规定，制定公司章程。

第 2 条 章程适用范围

【建议条款】

公司章程自生效之日起，即成为规范公司组织与行为、公司与股东、股东与股东之间权利义务关系的具有约束力的文件。公司章程对公司、股东、董事、监事、高级管理人员具有约束力。

高级管理人员是指公司的经理、副经理、财务负责人，上市公司董事会秘书。

第 3 条 经营宗旨

【建议条款】

公司的经营宗旨：【 】。

第 4 条 经营范围

【建议条款】

公司的经营范围：【 】。

经营范围以市场监督管理机关核定并记载于企业法人营业执照上的为准。经营范围中属于法律、行政法规规定须经批准的项目，应当依法经过批准。

第 5 条　社会责任

【建议条款】

公司从事经营活动，应当充分考虑公司职工、消费者等利益相关者的利益以及生态环境保护等社会公共利益，承担社会责任。公司积极参与社会公益活动，及时公布社会责任报告。

第 6 条　公司名称

【建议条款】

公司名称：【　　　　】。

第 7 条　公司住所

【建议条款】

公司住所：【公司住所地址全称，邮政编码】

第 8 条　经营期限

【建议条款 1】

公司经营期限：永久存续。

【建议条款 2】

经营期限：公司的营业期限【　】年。在公司经营期限届满前【　】个月，经公司股东会决议通过，可以延长公司经营期限。

第 9 条　公司党组织

【建议条款】

公司根据中国共产党章程的规定，设立中国共产党的组织，开展党的活动。公司为党组织的活动提供必要条件。

第二章　公司注册资本

第 10 条　注册资本

【建议条款】

公司注册资本为人民币【　】万元。

第11条　股东名称、出资额、出资比例

【建议条款】

公司的注册资本由全体股东【认缴/实缴】，股东认缴的出资额自公司成立之日起五年内缴足。

股东名称	认缴出资额/万元	实缴出资期限	出资方式	出资比例/%
合计（注册资本）				100

第12条　出资方式

【建议条款】

股东可以用货币出资，也可以用实物、知识产权、土地使用权、股权、债权等可以用货币估价并可以依法转让的非货币财产作价出资；但是，法律、行政法规规定不得作为出资的财产除外。

对作为出资的非货币财产应当评估作价，核实财产，并依法办理其财产权的转移手续。不得高估或者低估作价。法律、行政法规对评估作价有规定的，从其规定。

第三章　股东权利与义务

第13条　出资证明书

【建议条款】

公司成立后，应当向股东签发出资证明书，记载下列事项：

（一）公司名称；

（二）公司成立日期；

（三）公司注册资本；

（四）股东的姓名或者名称、认缴和实缴的出资额、出资方式和

出资日期；

（五）出资证明书的编号和核发日期。

出资证明书由法定代表人签名，并由公司盖章。

第14条　股东名册

【建议条款】

公司应当置备股东名册，股东名册应记载下列事项：

（一）股东的姓名或者名称及住所；

（二）股东认缴和实缴的出资额、出资方式和出资日期；

（三）出资证明书编号；

（四）取得和丧失股东资格的日期。

记载于股东名册的股东，可以依股东名册主张行使股东权利。

第15条　股东知情权

【建议条款】

股东有权查阅、复制公司及其全资子公司的章程、股东名册、股东会会议记录、董事会会议决议、监事会会议决议和财务会计报告，但应至少提前【　】个工作日书面通知公司。公司在收到股东请求后，应当在合理期限内作出回复，并安排查阅、复制事宜。

股东可以要求查阅公司及其全资子公司的会计账簿、会计凭证，但应当至少提前【　】个工作日，向公司提出书面请求，说明目的。如公司有合理根据认为股东查阅会计账簿、会计凭证有不正当目的，可能损害公司或其全资子公司合法利益的，可以拒绝提供查阅，并自股东提出书面请求之日起十五日内书面答复股东并说明理由。

股东查阅前款规定的材料，可以委托会计师事务所、律师事务所等中介机构进行。

股东及其委托的会计师事务所、律师事务所等中介机构查阅、复制有关材料，应当遵守有关保护国家秘密、商业秘密、个人隐私、个人信息等法律、行政法规的规定。

第16条 股东质询权

【建议条款】

股东会会议期间，股东有权就公司的经营状况、财务状况、重大决策，以及与公司经营管理或股东利益密切相关的事项，向董事、监事、高级管理人员进行质询。

股东行使质询权，应至少在股东会会议召开前三日向公司提交书面质询提纲，列明被质询人员和质询事项，且质询事项不得涉及个人隐私、商业秘密等法律法规禁止披露的信息。

被质询人员应当列席股东会，认真听取股东的质询，并在股东会会议上或会议结束后的合理期限内，就质询事项给予真实、明确的答复。

第17条 股东代表诉讼

【建议条款】

董事、高级管理人员存在违反法律、行政法规或公司章程的规定且给公司造成损失的情形，股东可以书面请求监事会向人民法院提起诉讼；监事存在违反法律、行政法规或公司章程的规定且给公司造成损失的情形，股东可以书面请求董事会向人民法院提起诉讼。

监事会或者董事会收到前款规定的股东书面请求后拒绝提起诉讼，或者自收到请求之日起三十日内未提起诉讼，或者情况紧急、不立即提起诉讼将会使公司利益受到难以弥补的损害的，股东有权为公司利益以自己的名义直接向人民法院提起诉讼。

他人侵犯公司合法权益，给公司造成损失的，股东可以依照前两款的规定向人民法院提起诉讼。

公司全资子公司的董事、监事、高级管理人员有《公司法》第一百八十八条规定情形，或者他人侵犯公司全资子公司合法权益造成损失的，股东可以依照前三款规定书面请求全资子公司的监事会、董事会向人民法院提起诉讼或者以自己的名义直接向人民法院提起诉讼。

第18条　股权转让

【建议条款】

公司的股东之间可以相互转让其全部或者部分股权，股东也可以向股东以外的人转让股权。

股东转让股权的，应当书面通知公司，请求变更股东名册；需要办理变更登记的，并请求公司向公司登记机关办理变更登记。

股权转让的，受让人自记载于股东名册时起可以向公司主张行使股东权利。

依法转让股权后，公司应当及时注销原股东的出资证明书，向新股东签发出资证明书，并相应修改公司章程和股东名册中有关股东及其出资额的记载。

第19条　股东优先购买权

【建议条款】

股东向股东以外的人转让股权的，应当将股权转让的数量、价格、支付方式和期限等事项书面通知其他股东，其他股东在同等条件下有优先购买权。股东自接到书面通知之日起三十日内未答复的，视为放弃优先购买权。两个以上股东行使优先购买权的，协商确定各自的购买比例；协商不成的，按照转让时各自的【实缴/认缴】出资比例行使优先购买权。

股东在其他股东主张优先购买权后又不同意转让股权的，其他股东仍享有优先购买权。

人民法院依照法律规定的强制执行程序转让股东的股权时，其他股东在同等条件下有优先购买权，其他股东自人民法院通知之日起满二十日不行使优先购买权的，视为放弃优先购买权。

第 20 条 异议股东回购请求权

【建议条款】

有下列情形之一的，对股东会该项决议投反对票的股东可以要求公司按照合理价格收购其股权：

（一）公司连续五年不向股东分配利润，而公司该五年连续盈利，并且符合《公司法》规定的分配利润条件的；

（二）公司合并、分立、转让主要财产的；

（三）公司章程规定的营业期限届满或者公司章程规定的其他解散事由出现，股东会通过决议修改公司章程使公司存续的。

自股东会会议决议作出之日起六十日内，退出股东与公司不能达成股权收购协议的，股东可以自股东会会议决议作出之日起九十日内向人民法院提起诉讼。

公司的控股股东滥用股东权利，严重损害公司或者其他出资人利益的，其他出资人有权请求公司按照合理的价格收购其股权。

公司因本条第一款第（一）项、第（三）项规定的情形收购的本公司股权，应当在六个月内依法转让或者注销。

第 21 条 股东资格的继承

【建议条款 1】

自然人股东死亡后，其合法继承人可以继承股东资格。股东未履行或者未全面履行出资义务的，继承人应当承继股东的出资义务。

【建议条款 2】

自然人股东死亡后，其合法继承人不可以继承股东资格，仅可继承相应股权的财产价值，继承人应配合将已死亡自然人股东持有的股权转让至公司其他股东名下，其他股东按持股比例受让已死亡自然人股东的股权。

第 22 条　股东出资义务

【建议条款】

股东应当按期足额缴纳对公司所认缴的出资额，该出资义务属于股东的法定义务，具体要求如下：

（一）本公司股东应按照公司章程规定的时间、方式等要求在公司成立之日起五年内完成出资义务的履行。

（二）股东出资后，董事会应当对股东的出资情况进行核查，发现股东未按期足额出资的，应当召开董事会，形成董事会决议，并以公司名义向该股东发出书面催缴通知，载明不少于六十日的宽限期，催缴出资。未及时履行上述义务给公司造成损失的，负有责任的董事应当承担赔偿责任。

（三）公司按照前款规定的程序发出的催缴股东出资通知书载明的宽限期届满，股东仍未履行出资义务的，公司可以再次召开董事会会议，审议该股东失权问题。如董事会形成失权决议的，则公司向该股东发出未完成实缴部分出资的失权通知。自通知发出之日起，该股东丧失其未缴纳出资的股权。

（四）公司成立后，股东不得抽逃出资。如有违反，股东应当返还所抽逃的资金；给公司造成的损失的，负有责任的董监高须对此承担连带赔偿责任。

（五）公司不能清偿到期债务的，公司或已到期债权人有权要求已认缴出资但未届出资期限的股东提前缴纳出资。

第 23 条　股东依法行使股东权利

【建议条款】

公司股东在公司享有股权权利，但股东对其任何股东权利的行使须依法进行：

（一）公司股东应当遵守法律、行政法规和公司章程，依法行使股东权利，不得滥用股东权利损害公司或者其他股东的利益。公司股东滥用股东权利给公司或者其他股东造成损失的，应当承担赔偿责任。

（二）公司的控股股东、实际控制人、董事、监事、高级管理人员不得利用关联关系损害公司利益。违反前款规定，给公司造成损失的，应当承担赔偿责任。

（三）公司股东滥用公司法人独立地位和股东有限责任，逃避债务，严重损害公司债权人利益的，应当对公司债务承担连带责任。

股东利用其控制的两个以上公司实施前款规定行为的，各公司应当对任一公司的债务承担连带责任。

【提示】只有一个股东的公司，股东不能证明公司财产独立于股东自己的财产的，应当对公司债务承担连带责任。

（四）股东行使知情权，要求查阅公司会计账簿、会计凭证的，应当向公司提出书面请求，说明目的。公司有合理根据认为股东查阅会计账簿、会计凭证有不正当目的，可能损害公司合法利益的，可以拒绝提供查阅，并应当自股东提出书面请求之日起十五日内书面答复股东并说明理由。此外，股东通过自己或委托会计师事务所、律师事务所等中介机构行使知情权，对因此查阅、复制的有关材料负有保密义务。

第24条 控股股东（实际控制人）的诚信义务

【建议条款】

公司控股股东作为公司股东，除与其他股东同样负有出资义务、依法行使股东权利的义务外，还同实际控制人一起对公司和其他股东负有诚信义务。

（一）公司为公司股东或者实际控制人提供担保的，应当经股东会决议。实际控制人支配的股东应当回避表决，不得参加前款规定事项的表决。该项表决由出席会议的其他股东所持表决权的过半数通过。

（二）公司的控股股东、实际控制人、董事、监事、高级管理人员不得利用关联关系损害公司利益。否则，应对由此给公司造成的损失承担赔偿责任。

（三）公司控股股东滥用公司法人独立地位和股东有限责任，逃避债务，严重损害公司债权人利益的，应当对公司债务承担连带责任。

股东利用其控制的两个以上公司实施前款规定行为的，各公司应当对任一公司的债务承担连带责任。

【提示】只有一个股东的公司，股东不能证明公司财产独立于股东自己的财产的，应当对公司债务承担连带责任。

（四）公司的控股股东滥用股东权利，严重损害其他股东利益的，其他股东除可以追究其侵权责任外，还有权请求公司按照合理的价格收购其股权。

（五）公司董事、监事和高级管理人员对公司负有忠实和勤勉的义务，公司控股股东和实际控制人不担任公司董事但实际执行公司事务的，与董事、监事和高级管理人员同样负有对公司忠实和勤勉的义务。

（六）公司董事、高级管理人员从事损害公司或者股东利益的行为的，应当对公司或股东承担侵权责任。公司的控股股东、实际控制人指示董事、高级管理人员从事损害公司或者股东利益的行为的，与该董事、高级管理人员承担连带责任。

（七）其他义务。

第 25 条　股东、控股股东和实际控制人的约定义务

【建议条款】

根据本公司、股东的实际情况，除法定义务外，控股股东和实际控制人应当同时承担下列义务：

（一）规范关联交易的义务，列示关联公司名称，明确限定关联交易的内容、价格和股东会审议流程（控股股东回避表决的情况下），以及不得新增关联方和关联交易的约定；

（二）清理关联企业的义务，需明确需清理的关联企业名称、清理的方式和时间；

（三）规范与公司之间的资金往来的义务，包括历史上形成的资金往来的清理时间、清理方式；

（四）规范董事、监事、高级管理人员兼职的义务，如控股股东和实际控制人需解除在关联公司兼任的董事、监事、高级管理人员职位及时间；

（五）公司高溢价引入 VC/PE 等外部投资人时与控股股东和实际控制人签署的业绩承诺和回购、对赌义务；

（六）其他约定义务。

根据本公司、股东的实际情况，除法定义务外，适用于公司全体股东的约定义务：

（一）竞业禁止的义务，全体股东在持有公司股权期间不得从事与公司相竞争的业务，并明确定义竞业禁止的产品、领域、地域等；

（二）股权限售义务，如遵守其他法律、行政法规，证券监督管理机构、交易所规则关于股权限售的规定，如禁止将股权转让给竞争对手等；

（三）商业秘密保密义务，对于持有公司股权期间获得的公司商业信息负有保密的义务，非经法律规定和公司书面同意不得对外提供；

（四）其他约定义务。

第四章　法定代表人

第 26 条　法定代表人的资格与产生/变更办法

【建议条款】

法定代表人由代表公司执行公司事务的【董事/经理】担任，由【股东会/董事会】选举产生，【半数/超级多数】以上通过，其变更程序亦同。

担任法定代表人的【董事/经理】辞任的，视为同时辞去法定代表人。

公司应当在法定代表人辞任之日起三十日内确定新的法定代表人。公司变更法定代表人的，变更登记申请由变更后的法定代表人签署。

具备下列情形之一的，不得担任公司法定代表人：

（一）无民事行为能力或者限制民事行为能力；

（二）因贪污、贿赂、侵占财产、挪用财产或者破坏社会主义市场经济秩序，被判处刑罚，或者因犯罪被剥夺政治权利，执行期满未逾五年，被宣告缓刑的，自缓刑考验期满之日起未逾二年；

（三）担任破产清算的公司、企业的董事或者厂长、经理，对该公司、企业的破产负有个人责任的，自该公司、企业破产清算完结之日起未逾三年；

（四）担任因违法被吊销营业执照、责令关闭的公司、企业的法定代表人，并负有个人责任的，自该公司、企业被吊销营业执照、责令关闭之日起未逾三年；

（五）个人因所负数额较大债务到期未清偿被人民法院列为失信被执行人。

第27条　法定代表人的职权

【建议条款】

法定代表人以公司名义从事的民事活动，其法律后果由公司承受。法定代表人因执行职务造成他人损害的，由公司承担民事责任。公司承担民事责任后，依照法律或者公司章程的规定，可以向有过错的法定代表人追偿。

公司章程或者股东会对法定代表人职权进行如下限制：

（一）未经【股东会/董事会】同意，不得对外签署对外担保、对外投资合同。

（二）对外从事的行为不得超过公司对董事会授权的范围。

（三）法律、法规规定必须由公司法定代表人行使的职责，不得委托他人代行。除上述之外，未经【股东会/董事会】同意，不得转委托。

（四）不得作出违背公司股东会、董事会决议的行为。

第五章　公司组织机构

第28条　股东会的职权

【建议条款】

股东会由全体股东组成，是公司的权力机构，行使下列职权：

（一）选举和更换董事、监事，决定有关董事、监事的报酬事项；

（二）审议批准董事会的报告；

（三）审议批准监事会的报告；

（四）审议批准公司的利润分配方案和弥补亏损方案；

（五）对公司增加或者减少注册资本作出决议；

（六）对发行公司债券作出决议/以股东会决议的方式授权董事

会对发行公司债券作出决议；

（七）对公司合并、分立、解散、清算或者变更公司形式作出决议；

（八）修改公司章程；

（九）对公司向其他企业投资或为他人提供担保作出决议；

（十）对公司为公司股东、实控人及其关联方提供担保作出决议；

（十一）对公司一年内购买、出售重大资产的金额超过公司资产总额百分之【　】的事项作出决议；

（十二）对公司董事、监事、高级管理人员及其关联方，直接或者间接与本公司订立合同或者进行交易的事项作出决议；

（十三）对公司董事、监事、高级管理人员利用职务便利为自己或者他人谋取属于公司的商业机会作出决议；

（十四）对公司董事、监事、高级管理人员自营或者为他人经营与公司同类的业务作出决议。

对本条第一款所列事项股东以书面形式一致表示同意的，可以不召开股东会会议，直接作出决定，并由全体股东在决定文件上签名或者盖章。

第 29 条　股东会召集和通知

【建议条款】

首次股东会会议由出资最多的股东召集和主持。

除首次股东会会议外，股东会会议分为定期会议和临时会议。定期会议每年一次，于每年【　】月【　】日前召开。

公司有下列情形之一的，应当召开临时股东会会议：

（一）代表十分之一以上表决权的股东提议召开时；

（二）三分之一以上的董事提议召开时；

（三）监事会提议召开时；

（四）董事人数不足三人或者公司章程规定的董事会总人数的三分之二时；

（五）其他情形。

股东会会议由董事会召集，董事长主持；董事长不能履行职务或者不履行职务的，由副董事长主持；副董事长不能履行职务或者不履行职务的，由过半数的董事共同推举一名董事主持。

董事会不能履行或者不履行召集股东会会议职责的，由监事会召集和主持；监事会不召集和主持的，代表十分之一以上表决权的股东可以自行召集和主持。定期会议召开期限届满【　】日前，或者出现应当召开临时股东会会议的情形后【　】日内，董事会未召集股东会的，应当认定为董事会不能履行或者不履行召集股东会会议职责。定期会议召开期限届满，或者出现应当召开临时股东会会议的情形后【　】日内，监事会未召集股东会的，应当认定为监事会不召集和主持股东会。如有其他确切证据能够证明董事会不能履行或者不履行召集股东会会议职责，或者能够证明监事会不召集和主持的，后一顺位召集人可不受上述时限限制而履行召集职责。

董事会、监事会应当在股东会定期会议召集前向召集人提出职责范围内的报告和提案。股东可以在股东会定期会议召集前向召集人提出提案。提议召开临时股东会会议的董事、监事会及股东，应当在提议召开临时股东会会议时向召集人提出提案。股东可以在股东会召开【　】日前向召集人提出临时提案。所有提案均应当有明确议题和具体决议事项，不得违反法律、行政法规或者公司章程的规定，且属于股东会职权范围，否则召集人应当拒绝将该提案提交股东会审议。

召开股东会会议，会议召集人应当在会议召开【　】日前，将会议召开时间和地点、审议的事项、会议议程等相关内容通知全体股东。会议召集人应当在收到临时提案后【 】日内通知其他股东，并将该临时提案提交股东会审议。通知方式可以是纸质函件及电子通信方式。全体股东一致同意的情况下，可以不按照上述时限和方式提前通知。

第 30 条 股东会召开流程

【建议条款】

股东会可以以现场方式召开，也可以采用电子通信方式召开。

股东委托代理人出席股东会会议的，应当明确代理人代理的事项、权限和期限；代理人应当向公司提交股东授权委托书，并在授权范围内行使表决权。

股东会应当对所议事项的决定作成会议记录，出席会议的股东应当在会议记录上签名或者盖章。

第 31 条 股东会的提案

【建议条款】

召开定期股东会会议，股东有权在股东会召开前【 】日向【董事会/董事】提出书面提案；召开临时股东会会议，股东有权在股东会召开前【 】日向【董事会/董事】提出书面提案。提案内容应当属于公司章程规定的股东会职权范围内的事项，至少载明提案人的姓名或名称、所持股权比例、提案的具体内容及理由等事项，附上与提案有关的材料（如有），并由提案股东签名或者盖章。提案人向【董事会/董事】提交的议案应完整、准确、详尽，并且提案人要对其所提供信息资料的真实性、准确性、完整性负责。

【董事会/董事】应当在收到提案后【 】日内决定是否将提案列入股东会议程，并书面通知提案股东。如果【董事会/董事】决定不将提案列入股东会议程，应当向提案股东说明理由。提案股东有权在股东会上就其提案进行陈述，并提请股东会就【董事会/董事】的该项决定进行审议。

股东会审议提案时，应当给予提案股东充分的时间进行说明，并保证提案得到公平的讨论和表决。

第 32 条　股东会决议事项表决及决议产生办法

【建议条款】

股东会会议由股东按照【认缴/实缴】的出资比例行使表决权。

股东会作出决议，应当经代表过半数表决权的股东通过。

股东会审议公司章程约定的第【28】条【股东会的职权】第一款第十项、第十二项、第十三项、第十四项所列事项，与所议事项有关联关系的股东不得参加表决。该项决议应经出席会议的其他股东所持表决权过半数通过。

公司章程约定的第【28】条【股东会的职权】第一款第五项、第六项、第七项、第八项所列事项，应当经代表三分之二以上表决权的股东通过。

股东可以亲自出席股东会会议，也可以委托代理人出席并代为行使表决权。委托代理人应当出具书面授权委托书，并在授权范围内行使表决权。

第 33 条　董事会的组成和产生方式

【建议条款】

公司设董事会，由【　】名董事组成。非职工代表担任的董事由股东按照认缴出资比例推荐，经股东会选举产生，其中，股东【　】推荐【　】名董事，股东【　】推荐【　】名董事……董事会设职工董事【　】名，由职工代表大会、职工大会或者其他形式民主产生。

董事会设董事长一名，副董事长【　】名。

董事每届任期【　】，届满可连选连任。

第 34 条　董事会的职权

【建议条款】

公司【董事会/董事】行使下列职权：

（一）召集股东会会议，并向股东会报告工作；

（二）执行股东会的决议；

（三）决定公司的经营计划和投资方案；

（四）制订公司的利润分配方案和弥补亏损方案；

（五）制订公司增加或者减少注册资本以及发行公司债券的方案；

（六）制订公司合并、分立、解散或者变更公司形式的方案；

（七）决定公司内部管理机构的设置；

（八）决定聘任或者解聘公司经理及其报酬事项，并根据经理的提名决定聘任或者解聘公司副经理、财务负责人及其报酬事项；

（九）制定公司的基本管理制度；

（十）依照股东会授权对发行公司债券作出决议；

（十一）股东会授予的其他职权。

第 35 条　董事会召开流程

【建议条款】

董事会会议包括定期会议和临时会议，董事会每【　】至少召开【　】次定期会议。

董事会会议由董事长召集和主持；董事长不能履行职务或者不履行职务的，公司如设副董事长的，会议由副董事长召集和主持；公司不设副董事长或副董事长不能履行职务或者不履行职务的，会议由过半数的董事共同推举一名董事召集和主持。

董事会会议应当有过半数的董事出席方可举行。董事会会议，应当由董事本人出席；董事因故不能出席的，可以书面委托其他董事代为出席并行使表决权；董事不得委托非董事代为出席董事会会议，外部董事不得委托非外部董事代为出席董事会会议；每名董事只能接受【　】名董事的委托代为出席董事会会议。

董事会应当对所议事项的决定作成会议记录，出席会议的董事应当在会议记录上签名。

董事会召开会议可以采用电子通信方式。

第 36 条　董事会决议

【建议条款】

董事会会议应当有过半数的董事出席方可举行。董事会作出决议，应当经全体董事的过半数通过。

董事会决议的表决，应当一人一票。

董事会应当对所议事项的决定作成会议记录，出席会议的董事应当在会议记录上签名。

董事会作出决议时可以采用电子通信方式进行表决。

第 37 条　股东会、董事会会议无效、可撤销、不成立

【建议条款】

公司股东会、董事会的决议内容违反法律、行政法规的无效。

公司股东会、董事会的会议召集程序、表决方式违反法律、行政法规或者公司章程，或者决议内容违反公司章程的，股东自决议作出之日起六十日内，可以请求人民法院撤销。未被通知参加股东会会议的股东自知道或者应当知道股东会决议作出之日起六十日内，可以请求人民法院撤销；自决议作出之日起一年内没有行使撤销权的，撤销权消灭。

股东会、董事会的会议召集程序或者表决方式仅有轻微瑕疵，对决议未产生实质影响的，人民法院对股东提起的撤销权请求不予支持。

有下列情形之一的，公司股东会、董事会的决议不成立：

（一）未召开股东会、董事会会议作出决议；

（二）股东会、董事会会议未对决议事项进行表决；

（三）出席会议的人数或者所持表决权数未达到《公司法》或者公司章程规定的人数或者所持表决权数；

（四）同意决议事项的人数或者所持表决权数未达到《公司法》或者公司章程规定的人数或者所持表决权数。

公司股东会、董事会决议被人民法院宣告无效、撤销或者确认不成立的，公司应当向公司登记机关申请撤销根据该决议已办理的登记。

股东会、董事会决议被人民法院宣告无效、撤销或者确认不成立的，公司根据该决议与善意相对人形成的民事法律关系不受影响。

第 38 条　经理的产生方式

【建议条款】

公司设经理，由董事会【不设董事会的公司由董事】决定聘任或者解聘。

第 39 条　经理的职权

【建议条款 1】

经理根据公司【董事会/董事】的授权行使职权。

经理列席董事会会议。

【建议条款 2】

经理对【董事会/董事】负责，行使下列职权：

（一）主持公司的经营管理工作，并向董事报告工作；

（二）组织实施公司经营计划和投资方案；

（三）拟订公司内部管理机构设置方案；

（四）拟订公司的基本管理制度；

（五）制定公司的具体规章；

（六）提请董事聘任或者解聘公司副总经理及财务负责人；

（七）聘任或者解聘除应由【董事会/董事】聘任或者解聘以外的管理人员；

（八）拟定公司职工的工资、福利、奖惩，决定公司职工的聘用和解聘；

（九）决定正常经营所需的财务开支；

（十）公司或【董事会/董事】授予的其他职权。

经理列席董事会会议。

第40条 监事会（或监事）的产生方式

【建议条款】

公司设【监事会/监事】。监事会由【 】名监事组成，监事会成员应当有股东代表和不低于三分之一比例的职工代表，董事、高级管理人员不得兼任监事。监事会设监事会主席一名。监事会主席的选举或者解任由全体监事的过半数表决通过。

监事会主席召集和主持监事会会议；监事会主席不能履行职务或者不履行职务的，由半数以上监事共同推举一名监事召集和主持监事会会议。

监事由股东会选举和更换。董事、高级管理人员不得兼任监事。监事的任期每届为三年，任期届满，可连选连任。

第41条 监事会（或监事）的职权

【建议条款】

【监事会/监事】行使下列职权：

（一）检查公司财务；

（二）对董事、高级管理人员执行职务的行为进行监督，对违反法律、行政法规、公司章程或者股东会决议的董事、高级管理人员提出解任的建议；

（三）当董事、高级管理人员的行为损害公司的利益时，要求董事、高级管理人员予以纠正；

（四）提议召开临时股东会会议，在董事会不履行《公司法》规定的召集和主持股东会会议职责时召集和主持股东会会议；

（五）向股东会会议提出提案；

（六）依照《公司法》的规定，对董事、高级管理人员提起诉讼；

（七）发现公司经营情况异常，可以进行调查；必要时，可以聘请会计师事务所等协助其工作；

（八）可以要求董事、高级管理人员提交执行职务的报告；

（九）公司章程规定的其他职权。

第 42 条　监事会（或监事）的议事规则

【建议条款 1】

监事会每年度至少召开一次会议，监事可以提议召开临时监事会会议。

监事会定期会议通知应当在会议召开十日以前书面送达全体监事。监事会临时会议通知时限为三个工作日。因紧急情况，为了公司利益需要监事会即刻作出决议的，监事会主席召开临时监事会会议可以不受上列通知方式及通知时限的限制。监事会会议通知包括举行会议的日期、地点和会议期限，事由及议题，发出通知的日期。

监事会决议的表决，应当一人一票。监事会决议应当经全体监事的过半数通过。监事会表决可采用举手、投票或通信方式。监事会应当对所议事项的决定作成会议记录，出席会议的监事应当在会议记录上签名。监事会召开会议和表决可以采用电子通信方式，应遵守《公司法》及公司章程的相关规定。

【建议条款 2】

公司设一名监事，监事作出前条所列事项的决定时，应当采用书面形式，并由监事签名后置备于公司。

第 43 条　审计委员会的设立、职权

【建议条款】

【提示】有限责任公司可以按照公司章程的规定在董事会中设置由董事组成的审计委员会，行使《公司法》规定的监事会的职权，不设监事会或者监事。如果设审计委员会，则相关规定可参考本条建议条款。

公司董事会中设置由董事组成的审计委员会，审计委员会独立行使下列职权：

（一）检查公司财务；

（二）对董事、高级管理人员执行职务的行为进行监督，对违反法律、行政法规、公司章程或者股东会决议的董事、高级管理人员提出解任的建议；

（三）当董事、高级管理人员的行为损害公司的利益时，要求董事、高级管理人员予以纠正；

（四）提议召开临时股东会会议，在董事会不履行《公司法》规定的召集和主持股东会会议职责时召集和主持股东会会议；

（五）向股东会会议提出提案；

（六）依照《公司法》第一百八十九条的规定，对董事、高级管理人员提起诉讼；

（七）对董事会决议事项提出质疑或建议权；

（八）公司章程规定的其他监督职权。

第 44 条　审计委员会的成员构成和任职资格

【建议条款】

审计委员会成员由股东会在董事中选举产生，不得低于三人。公司董事会成员中的职工代表可以成为审计委员会成员。

审计委员会成员的任期与董事的任期一致。

审计委员会的主任由全体审计委员会成员过半数选举产生。审计委员会主任召集和主持审计委员会会议；审计委员会主任不能履行职务或者不履行职务的，由过半数的审计委员会成员共同推举一名成员召集和主持审计委员会会议。

第 45 条　审计委员会的议事规则

【建议条款】

【提示】审计委员会会议及审计委员会的议事方式和表决程序，可参照公司章程中监事会的议事规则。

第六章　董事、监事和高级管理人员

第 46 条　董事、监事及高级管理人员的任职资格

【建议条款】

有下列情形之一的，不得担任公司的董事、监事、高级管理人员：

（一）无民事行为能力或者限制民事行为能力；

（二）因贪污、贿赂、侵占财产、挪用财产或者破坏社会主义市场经济秩序，被判处刑罚，或者因犯罪被剥夺政治权利，执行期满未逾五年，被宣告缓刑的，自缓刑考验期满之日起未逾二年；

（三）担任破产清算的公司、企业的董事或者厂长、经理，对该公司、企业的破产负有个人责任的，自该公司、企业破产清算完结之日起未逾三年；

（四）担任因违法被吊销营业执照、责令关闭的公司、企业的法定代表人，并负有个人责任的，自该公司、企业被吊销营业执照、责令关闭之日起未逾三年；

（五）个人因所负数额较大债务到期未清偿被人民法院列为失信被执行人。

在其他国有独资公司担任董事、高级管理人员的，在本公司兼职董事、监事、高级管理人员前须经履行出资人职责的机构同意。

违反前两款规定选举、委派董事、监事或者聘任高级管理人员的，该选举、委派或者聘任无效。董事、监事、高级管理人员在任职期间出现本条第一款情形或违反第二款情形的，公司应当解除其职务。

第47条　董事、监事及高级管理人员的忠实义务

【建议条款】

董事、监事、高级管理人员对公司负有忠实义务，应当采取措施避免自身利益与公司利益冲突，不得利用职权牟取不正当利益。

董事、监事、高级管理人员不得有下列行为：

（一）侵占公司财产、挪用公司资金；

（二）将公司资金以其个人名义或者以其他个人名义开立账户存储；

（三）利用职权贿赂或者收受其他非法收入；

（四）接受他人与公司交易的佣金归为己有；

（五）擅自披露公司秘密；

（六）违反对公司忠实义务的其他行为。

公司的控股股东、实际控制人不担任公司董事但实际执行公司事务的，应当适用前两款的规定。

第 48 条　董事、监事及高级管理人员的勤勉义务

【建议条款】

董事、监事、高级管理人员对公司负有勤勉义务，执行职务应当为公司的最大利益尽到管理者通常应有的合理注意。

公司的控股股东、实际控制人不担任公司董事但实际执行公司事务的，应当适用前款规定。

第 49 条　董事、监事及高级管理人员与公司的关联交易

【建议条款】

公司的控股股东、实际控制人、董事、监事、高级管理人员不得利用关联关系损害公司利益。

违反前款规定，给公司造成损失的，应当承担赔偿责任。

董事、监事、高级管理人员，直接或者间接与本公司订立合同或者进行交易，应当就与订立合同或者进行交易有关的事项向董事会/股东会报告，并经董事会/股东会决议通过。

董事、监事、高级管理人员的近亲属，董事、监事、高级管理人员或者其近亲属直接或者间接控制的企业，以及与董事、监事、高级管理人员有其他关联关系的关联人，与公司订立合同或者进行交易，适用前款规定。

第 50 条　董事、监事、高级管理人员利用公司商业机会

【建议条款】

董事、监事、高级管理人员，不得利用职务便利为自己或者他人谋取属于公司的商业机会。但是，有下列情形之一的除外：

（一）向董事会/股东会报告，并按照公司章程的规定经董事会/股东会决议通过；

（二）根据法律、行政法规或者公司章程的规定，公司不能利用该商业机会。

第 51 条　董事、监事、高级管理人员竞业限制

【建议条款】

董事、监事、高级管理人员未向董事会或者股东会报告，并按照公司章程的规定经董事会或者股东会决议通过，不得自营或者为他人经营与其任职公司同类的业务。

第 52 条　董事表决权回避

【建议条款】

董事会对以下事项决议时，关联董事不得参与表决，其表决权不计入表决权总数：

（一）董事、董事的近亲属、董事或其近亲属直接或间接控制的企业、有其他关联关系的关联人与公司订立合同或者进行交易；

（二）董事利用职务便利为自己或者他人谋取属于公司的商业机会；

（三）董事自营或者为他人经营与本公司同类的业务。

出席董事会会议的无关联关系董事人数不足三人的，应当将该事项提交股东会审议。

第 53 条　归入权

【建议条款】

董事、监事、高级管理人员违反忠实义务、关联交易、利用公司商业机会、竞业限制规定所得的收入应当归公司所有。

第七章　公司的财务、会计制度

第 54 条　财务会计报告的编制及审计

【建议条款】

公司应当在每一会计年度终了时编制财务会计报告，并依法经会计师事务所审计。

财务会计报告应当包括下列组成部分：

（一）资产负债表；

（二）利润表；

（三）现金流量表；

（四）所有者权益变动表；

（五）附注。

第55条　财务会计报告的报送

【建议条款】

公司应当在会计年度结束后【三】个月内将经审计的年度财务会计报告送交各股东。

公司应当在【半年度/季度/月度】结束后【一】个月内将【半年度/季度/月度】会计报表（资产负债表、利润表、现金流量表、所有者权益变动表）送交各股东。

第56条　利润分配

【建议条款】

公司分配当年税后利润时，应当按公司章程规定弥补亏损和提取公积金。

公司弥补亏损和提取公积金后所余税后利润，按照股东实缴的出资比例分配。

如公司当年盈利且当年末累计未分配税后利润为正，公司应向股东分配不少于当年末累计未分配税后利润的【百分之三十】，但全体股东一致同意不分配的除外。股东会应在每个年度结束后【四】个月内就年度利润分配作出决议。

股东会作出分配利润的决议的，董事会应当在股东会决议作出之日起【六】个月内进行分配。

公司未按《公司法》及公司章程规定向股东分配利润的，股东应当将违反规定分配的利润退还公司；给公司造成损失的，股东及负有责任的董事、监事、高级管理人员应当承担赔偿责任。

第 57 条　亏损弥补

【建议条款】

公司亏损的弥补可以使用任意公积金、法定公积金、资本公积金，但应当先使用任意公积金和法定公积金；仍不能弥补的，可以按照规定使用资本公积金。

依照前款规定弥补亏损后，仍有亏损的，可以减少注册资本弥补亏损。减少注册资本弥补亏损的，公司不得向股东分配，也不得免除股东缴纳出资或者股款的义务。

第 58 条　法定公积金、任意公积金的提取和使用

【建议条款】

公司分配当年税后利润时，应当提取利润的百分之十列入公司法定公积金。公司法定公积金累计额为公司注册资本的百分之五十以上的，可以不再提取。

公司的法定公积金不足以弥补以前年度亏损的，在依照前款规定提取法定公积金之前，应当先用当年利润弥补亏损。

公司从税后利润中提取法定公积金后，经股东会决议，还可以从税后利润中提取任意公积金。

公司的公积金用于弥补公司的亏损、扩大公司生产经营或者转为增加公司注册资本。

法定公积金转为增加注册资本时，所留存的该项公积金不得少于转增前公司注册资本的百分之二十五。

第 59 条　公司对外投资和为他人提供担保

【建议条款】

公司向其他企业投资或者为他人提供担保，由【董事会/股东会】决议。

公司为公司股东或者实际控制人提供担保的，应当经股东会决议。

前款规定的股东或者受前款规定的实际控制人支配的股东，不得参加前款规定事项的表决。该项表决由出席会议的其他股东所持表决权的过半数通过。

第八章　公司合并、分立、增资、减资

第 60 条　公司合并

【建议条款】

公司合并可以采取吸收合并或者新设合并两种形式。

公司与其持股百分之九十以上的公司合并，被合并的公司不需经股东会决议，但应当通知其他股东，其他股东有权请求公司按照合理的价格收购其股权或者股份。

公司合并支付的价款不超过本公司净资产百分之十的，可以不经股东会决议；但是，公司章程另有规定的除外。

公司依照本条第二款、第三款规定合并不经股东会决议的，应当经董事会决议。

公司合并，应当由合并各方签订合并决议，编制资产负债表及财产清单，并自作出合并决议之日起十日内通知债权人，于三十日内在报纸上或者国家企业信用信息公示系统公告；债权人自接到通知之日起三十日内，未接到通知的自公告之日起四十五日内，可以要求公司清偿债务或者提供相应的担保。

公司合并时，合并各方的债权、债务，应当由合并后存续的公司或者新设的公司承继。

第 61 条　公司分立

【建议条款】

公司分立，应当编制资产负债表及财产清单。公司应当自作出分立决议之日起十日内通知债权人，并于三十日内在报纸上或者国家企业信用信息公示系统公告。

公司分立前的债务由分立后的公司承担连带责任。但是，公司在分立前与债权人就债务清偿达成的书面协议另有约定的除外。

第 62 条　增加注册资本

【建议条款】

依照法律、行政法规的规定，经股东会决议，公司可以增加注册资本。

公司增加注册资本时，股东在同等条件下有权优先按照实缴的出资比例认缴出资，全体股东约定不按照出资比例优先认缴出资的除外。

公司增加注册资本时，股东认缴新增资本的出资，应在五年内缴足。

第 63 条　减少注册资本

【建议条款】

依照法律、行政法规的规定，经股东会决议，公司可以减少注册资本。

公司减少注册资本，应当编制资产负债表及财产清单，并应当按照《公司法》第二百二十四条规定的程序办理。

公司减少注册资本，应当按照股东的出资比例相应减少出资额，法律另有规定或者全体股东另有约定的除外，股东非等比例减资时，必须经全体股东一致同意。

公司依照《公司法》第二百二十四条、第二百二十五条的规定减少注册资本后，在法定公积金和任意公积金累计额达到公司注册资本百分之五十前，不得分配利润，如因违法分配利润给公司造成损失的，负有责任的董事、监事和高级管理人员应当承担赔偿责任。

第九章　公司的解散和清算

第64条　公司解散的事由

【建议条款】

公司因下列原因解散：

（一）公司章程规定的营业期限届满；

（二）股东会决议解散；

（三）因公司合并或者分立需要解散；

（四）依法被吊销营业执照、责令关闭或者被撤销；

（五）人民法院依照《公司法》第二百三十一条的规定予以解散。

公司出现前款规定的解散事由，应当在十日内将解散事由通过国家企业信用信息公示系统予以公示。

第65条　清算组的组成

【建议条款】

公司因本章程第【64】条第一款第一项、第二项、第四项、第五项规定而解散的，应当清算。董事为公司清算义务人，应当在解散事由出现之日起十五日内组成清算组进行清算，清算组由董事组成。

清算义务人未及时履行清算义务，给公司造成损失的，应当承担赔偿责任。

第 66 条 清算组的职权及通知义务

【建议条款】

清算组在公司清算期间行使如下职权：

（一）清理公司财产，分别编制资产负债表和财产清单；

（二）通知、公告债权人；

（三）处理与清算有关的公司未了结的业务；

（四）清缴所欠税款以及清算过程中产生的税款；

（五）清理债权、债务；

（六）分配公司清偿债务后的剩余财产；

（七）代表公司参与民事诉讼活动。

清算组应当自成立之日起十日内通知债权人，并于六十日内在报纸上或者国家企业信用信息公示系统公告。

第 67 条 财产清理

【建议条款】

清算组完成公司财产清理、资产负债表及财产清单编制后，应制订清算方案，报股东会确认。

第 68 条 清算组成员的义务与责任

【建议条款】

清算组成员履行清算职责，负有忠实义务和勤勉义务。清算组成员怠于履行清算职责，给公司造成损失的，应当承担赔偿责任；因故意或者重大过失给债权人造成损失的，应当承担赔偿责任。

第 69 条 申请注销登记

【建议条款】

公司清算结束后，清算组应当制作清算报告，报股东会确认，并报送公司登记机关，申请注销公司登记。

第十章　附　　则

第 70 条　公司章程修改的情形

【建议条款】

公司股东会根据法律、行政法规及公司章程的规定，有权修改公司章程。有下列情形之一的，公司应当修改公司章程：

（一）公司章程规定的事项与现行的法律、行政法规、规章及规范性文件相抵触；

（二）公司的情况发生变化，与公司章程记载的事项不一致；

（三）股东会决定修改公司章程；

（四）发生应当修改公司章程的其他情形。

第 71 条　公司章程修改的程序

【建议条款】

股东会会议作出修改公司章程的决议，必须经代表三分之二以上表决权的股东通过。

公司章程修正案经股东签名或者盖章之日起生效。

第 72 条　公司章程修改的审批和登记

【建议条款】

股东会通过的公司章程修改事项应经主管机关审批的，须报原审批的主管机关批准后办理变更登记。公司登记事项发生变更涉及修改公司章程的，须在修改公司章程后办理变更登记。应自公司章程修正案生效之日起三十日内向登记机关提交变更登记申请。

第 73 条　公司章程的解释

【建议条款】

公司章程由公司董事会（【提示】只设一名董事时则由董事）负责解释。

第74条 其 他

【建议条款】

公司章程经公司股东会审议通过之日起生效并施行。公司章程自生效之日起，即成为规范公司的组织与行为、公司与股东之间权利义务关系的具有法律约束力的文件，以及对公司、股东、董事、监事、高级管理人员具有法律约束力的文件。

公司章程以中文书写。其他任何语种或者不同版本的公司章程与公司章程有歧义时，以在市场监督管理局最近一次核准登记后的中文版公司章程为准。

公司章程所称“以上”“以内”“以下”，都含本数；“不满”“以外”“低于”“多于”“超过”不含本数。

公司应当通过国家企业信用信息公示系统向社会公示公司章程、年度报告、股东缴纳出资情况等信息，具体公示内容按国家相关规定执行。

公司章程一式叁份，包括报公司登记机关备案壹份。

公司章程于【　　年　　月　　日】订立。

全体股东签名或者盖章：

附录 2

中华人民共和国公司法

（1993 年 12 月 29 日第八届全国人民代表大会常务委员会第五次会议通过　根据 1999 年 12 月 25 日第九届全国人民代表大会常务委员会第十三次会议《关于修改〈中华人民共和国公司法〉的决定》第一次修正　根据 2004 年 8 月 28 日第十届全国人民代表大会常务委员会第十一次会议《关于修改〈中华人民共和国公司法〉的决定》第二次修正　2005 年 10 月 27 日第十届全国人民代表大会常务委员会第十八次会议第一次修订　根据 2013 年 12 月 28 日第十二届全国人民代表大会常务委员会第六次会议《关于修改〈中华人民共和国海洋环境保护法〉等七部法律的决定》第三次修正　根据 2018 年 10 月 26 日第十三届全国人民代表大会常务委员会第六次会议《关于修改〈中华人民共和国公司法〉的决定》第四次修正　2023 年 12 月 29 日第十四届全国人民代表大会常务委员会第七次会议第二次修订）

目　录

第一章　总　　则

第一条　为了规范公司的组织和行为，保护公司、股东、职工和债权人的合法权益，完善中国特色现代企业制度，弘扬企业家精神，维护社会经济秩序，促进社会主义市场经济的发展，根据宪法，制定本法。

第二条　本法所称公司，是指依照本法在中华人民共和国境内设立的有限责任公司和股份有限公司。

第三条　公司是企业法人，有独立的法人财产，享有法人财产权。公司以其全部财产对公司的债务承担责任。

公司的合法权益受法律保护，不受侵犯。

第四条 有限责任公司的股东以其认缴的出资额为限对公司承担责任；股份有限公司的股东以其认购的股份为限对公司承担责任。

公司股东对公司依法享有资产收益、参与重大决策和选择管理者等权利。

第五条 设立公司应当依法制定公司章程。公司章程对公司、股东、董事、监事、高级管理人员具有约束力。

第六条 公司应当有自己的名称。公司名称应当符合国家有关规定。

公司的名称权受法律保护。

第七条 依照本法设立的有限责任公司，应当在公司名称中标明有限责任公司或者有限公司字样。

依照本法设立的股份有限公司，应当在公司名称中标明股份有限公司或者股份公司字样。

第八条 公司以其主要办事机构所在地为住所。

第九条 公司的经营范围由公司章程规定。公司可以修改公司章程，变更经营范围。

公司的经营范围中属于法律、行政法规规定须经批准的项目，应当依法经过批准。

第十条 公司的法定代表人按照公司章程的规定，由代表公司执行公司事务的董事或者经理担任。

担任法定代表人的董事或者经理辞任的，视为同时辞去法定代表人。

法定代表人辞任的，公司应当在法定代表人辞任之日起三十日内确定新的法定代表人。

第十一条 法定代表人以公司名义从事的民事活动，其法律后果由公司承受。

公司章程或者股东会对法定代表人职权的限制，不得对抗善意相对人。

法定代表人因执行职务造成他人损害的，由公司承担民事责任。公司承担民事责任后，依照法律或者公司章程的规定，可以向有过错的法定代表人追偿。

第十二条 有限责任公司变更为股份有限公司，应当符合本法规定的股份有限公司的条件。股份有限公司变更为有限责任公司，应当符合本法规定的有限责任公司的条件。

有限责任公司变更为股份有限公司的，或者股份有限公司变更为有限责任公司的，公司变更前的债权、债务由变更后的公司承继。

第十三条 公司可以设立子公司。子公司具有法人资格，依法独立承担民事责任。

公司可以设立分公司。分公司不具有法人资格，其民事责任由公司承担。

第十四条 公司可以向其他企业投资。

法律规定公司不得成为对所投资企业的债务承担连带责任的出资人的，从其规定。

第十五条 公司向其他企业投资或者为他人提供担保，按照公司章程的规定，由董事会或者股东会决议；公司章程对投资或者担保的总额及单项投资或者担保的数额有限额规定的，不得超过规定的限额。

公司为公司股东或者实际控制人提供担保的，应当经股东会决议。

前款规定的股东或者受前款规定的实际控制人支配的股东，不得参加前款规定事项的表决。该项表决由出席会议的其他股东所持表决权的过半数通过。

第十六条 公司应当保护职工的合法权益，依法与职工签订劳动合同，参加社会保险，加强劳动保护，实现安全生产。

公司应当采用多种形式，加强公司职工的职业教育和岗位培训，提高职工素质。

第十七条 公司职工依照《中华人民共和国工会法》组织工会，开展工会活动，维护职工合法权益。公司应当为本公司工会提供必要的活动条件。公司工会代表职工就职工的劳动报酬、工作时间、休息休假、劳动安全卫生和保险福利等事项依法与公司签订集体合同。

公司依照宪法和有关法律的规定，建立健全以职工代表大会为基本形式的民主管理制度，通过职工代表大会或者其他形式，实行民主管理。

公司研究决定改制、解散、申请破产以及经营方面的重大问题、制定重要的规章制度时，应当听取公司工会的意见，并通过职工代表大会或者其他形式听取职工的意见和建议。

第十八条 在公司中，根据中国共产党章程的规定，设立中国共产党的组织，开展党的活动。公司应当为党组织的活动提供必要条件。

第十九条 公司从事经营活动，应当遵守法律法规，遵守社会公德、商业道德，诚实守信，接受政府和社会公众的监督。

第二十条 公司从事经营活动，应当充分考虑公司职工、消费者等利益相关者的利益以及生态环境保护等社会公共利益，承担社会责任。

国家鼓励公司参与社会公益活动，公布社会责任报告。

第二十一条 公司股东应当遵守法律、行政法规和公司章程，依法行使股东权利，不得滥用股东权利损害公司或者其他股东的利益。

公司股东滥用股东权利给公司或者其他股东造成损失的，应当承担赔偿责任。

第二十二条 公司的控股股东、实际控制人、董事、监事、高级管理人员不得利用关联关系损害公司利益。

违反前款规定，给公司造成损失的，应当承担赔偿责任。

第二十三条 公司股东滥用公司法人独立地位和股东有限责任，逃避债务，严重损害公司债权人利益的，应当对公司债务承担连带责任。

股东利用其控制的两个以上公司实施前款规定行为的，各公司应当对任一公司的债务承担连带责任。

只有一个股东的公司，股东不能证明公司财产独立于股东自己的财产的，应当对公司债务承担连带责任。

第二十四条 公司股东会、董事会、监事会召开会议和表决可以采用电子通信方式，公司章程另有规定的除外。

第二十五条 公司股东会、董事会的决议内容违反法律、行政法规的无效。

第二十六条 公司股东会、董事会的会议召集程序、表决方式违反法律、行政法规或者公司章程，或者决议内容违反公司章程的，股东自决议作出之日起六十日内，可以请求人民法院撤销。但是，股东会、董事会的会议召集程序或者表决方式仅有轻微瑕疵，对决议未产生实质影响的除外。

未被通知参加股东会会议的股东自知道或者应当知道股东会决议作出之日起六十日内，可以请求人民法院撤销；自决议作出之日起一年内没有行使撤销权的，撤销权消灭。

第二十七条 有下列情形之一的，公司股东会、董事会的决议不成立：

（一）未召开股东会、董事会会议作出决议；

（二）股东会、董事会会议未对决议事项进行表决；

（三）出席会议的人数或者所持表决权数未达到本法或者公司章程规定的人数或者所持表决权数；

（四）同意决议事项的人数或者所持表决权数未达到本法或者公司章程规定的人数或者所持表决权数。

第二十八条　公司股东会、董事会决议被人民法院宣告无效、撤销或者确认不成立的，公司应当向公司登记机关申请撤销根据该决议已办理的登记。

股东会、董事会决议被人民法院宣告无效、撤销或者确认不成立的，公司根据该决议与善意相对人形成的民事法律关系不受影响。

第二章　公司登记

第二十九条　设立公司，应当依法向公司登记机关申请设立登记。

法律、行政法规规定设立公司必须报经批准的，应当在公司登记前依法办理批准手续。

第三十条　申请设立公司，应当提交设立登记申请书、公司章程等文件，提交的相关材料应当真实、合法和有效。

申请材料不齐全或者不符合法定形式的，公司登记机关应当一次性告知需要补正的材料。

第三十一条　申请设立公司，符合本法规定的设立条件的，由公司登记机关分别登记为有限责任公司或者股份有限公司；不符合本法规定的设立条件的，不得登记为有限责任公司或者股份有限公司。

第三十二条　公司登记事项包括：

（一）名称；

（二）住所；

（三）注册资本；

（四）经营范围；

（五）法定代表人的姓名；

（六）有限责任公司股东、股份有限公司发起人的姓名或者名称。

公司登记机关应当将前款规定的公司登记事项通过国家企业信

用信息公示系统向社会公示。

第三十三条 依法设立的公司，由公司登记机关发给公司营业执照。公司营业执照签发日期为公司成立日期。

公司营业执照应当载明公司的名称、住所、注册资本、经营范围、法定代表人姓名等事项。

公司登记机关可以发给电子营业执照。电子营业执照与纸质营业执照具有同等法律效力。

第三十四条 公司登记事项发生变更的，应当依法办理变更登记。

公司登记事项未经登记或者未经变更登记，不得对抗善意相对人。

第三十五条 公司申请变更登记，应当向公司登记机关提交公司法定代表人签署的变更登记申请书、依法作出的变更决议或者决定等文件。

公司变更登记事项涉及修改公司章程的，应当提交修改后的公司章程。

公司变更法定代表人的，变更登记申请书由变更后的法定代表人签署。

第三十六条 公司营业执照记载的事项发生变更的，公司办理变更登记后，由公司登记机关换发营业执照。

第三十七条 公司因解散、被宣告破产或者其他法定事由需要终止的，应当依法向公司登记机关申请注销登记，由公司登记机关公告公司终止。

第三十八条 公司设立分公司，应当向公司登记机关申请登记，领取营业执照。

第三十九条 虚报注册资本、提交虚假材料或者采取其他欺诈手段隐瞒重要事实取得公司设立登记的，公司登记机关应当依照法律、行政法规的规定予以撤销。

第四十条 公司应当按照规定通过国家企业信用信息公示系统公示下列事项：

（一）有限责任公司股东认缴和实缴的出资额、出资方式和出资日期，股份有限公司发起人认购的股份数；

（二）有限责任公司股东、股份有限公司发起人的股权、股份变更信息；

（三）行政许可取得、变更、注销等信息；

（四）法律、行政法规规定的其他信息。

公司应当确保前款公示信息真实、准确、完整。

第四十一条 公司登记机关应当优化公司登记办理流程，提高公司登记效率，加强信息化建设，推行网上办理等便捷方式，提升公司登记便利化水平。

国务院市场监督管理部门根据本法和有关法律、行政法规的规定，制定公司登记注册的具体办法。

第三章 有限责任公司的设立和组织机构

第一节 设 立

第四十二条 有限责任公司由一个以上五十个以下股东出资设立。

第四十三条 有限责任公司设立时的股东可以签订设立协议，明确各自在公司设立过程中的权利和义务。

第四十四条 有限责任公司设立时的股东为设立公司从事的民事活动，其法律后果由公司承受。

公司未成立的，其法律后果由公司设立时的股东承受；设立时的股东为二人以上的，享有连带债权，承担连带债务。

设立时的股东为设立公司以自己的名义从事民事活动产生的民事责任，第三人有权选择请求公司或者公司设立时的股东承担。

设立时的股东因履行公司设立职责造成他人损害的，公司或者无过错的股东承担赔偿责任后，可以向有过错的股东追偿。

第四十五条 设立有限责任公司，应当由股东共同制定公司章程。

第四十六条 有限责任公司章程应当载明下列事项：

（一）公司名称和住所；

（二）公司经营范围；

（三）公司注册资本；

（四）股东的姓名或者名称；

（五）股东的出资额、出资方式和出资日期；

（六）公司的机构及其产生办法、职权、议事规则；

（七）公司法定代表人的产生、变更办法；

（八）股东会认为需要规定的其他事项。

股东应当在公司章程上签名或者盖章。

第四十七条 有限责任公司的注册资本为在公司登记机关登记的全体股东认缴的出资额。全体股东认缴的出资额由股东按照公司章程的规定自公司成立之日起五年内缴足。

法律、行政法规以及国务院决定对有限责任公司注册资本实缴、注册资本最低限额、股东出资期限另有规定的，从其规定。

第四十八条 股东可以用货币出资，也可以用实物、知识产权、土地使用权、股权、债权等可以用货币估价并可以依法转让的非货币财产作价出资；但是，法律、行政法规规定不得作为出资的财产除外。

对作为出资的非货币财产应当评估作价，核实财产，不得高估或者低估作价。法律、行政法规对评估作价有规定的，从其规定。

第四十九条 股东应当按期足额缴纳公司章程规定的各自所认缴的出资额。

股东以货币出资的，应当将货币出资足额存入有限责任公司在银行开设的账户；以非货币财产出资的，应当依法办理其财产权的转移手续。

股东未按期足额缴纳出资的，除应当向公司足额缴纳外，还应当对给公司造成的损失承担赔偿责任。

第五十条 有限责任公司设立时，股东未按照公司章程规定实际缴纳出资，或者实际出资的非货币财产的实际价额显著低于所认缴的出资额的，设立时的其他股东与该股东在出资不足的范围内承担连带责任。

第五十一条 有限责任公司成立后，董事会应当对股东的出资情况进行核查，发现股东未按期足额缴纳公司章程规定的出资的，应当由公司向该股东发出书面催缴书，催缴出资。

未及时履行前款规定的义务，给公司造成损失的，负有责任的董事应当承担赔偿责任。

第五十二条 股东未按照公司章程规定的出资日期缴纳出资，公司依照前条第一款规定发出书面催缴书催缴出资的，可以载明缴纳出资的宽限期；宽限期自公司发出催缴书之日起，不得少于六十日。宽限期届满，股东仍未履行出资义务的，公司经董事会决议可以向该股东发出失权通知，通知应当以书面形式发出。自通知发出之日起，该股东丧失其未缴纳出资的股权。

依照前款规定丧失的股权应当依法转让，或者相应减少注册资本并注销该股权；六个月内未转让或者注销的，由公司其他股东按照其出资比例足额缴纳相应出资。

股东对失权有异议的，应当自接到失权通知之日起三十日内，向人民法院提起诉讼。

第五十三条 公司成立后，股东不得抽逃出资。

违反前款规定的，股东应当返还抽逃的出资；给公司造成损失的，负有责任的董事、监事、高级管理人员应当与该股东承担连带赔偿责任。

第五十四条 公司不能清偿到期债务的，公司或者已到期债权的债权人有权要求已认缴出资但未届出资期限的股东提前缴纳出资。

第五十五条 有限责任公司成立后，应当向股东签发出资证明书，记载下列事项：

（一）公司名称；

（二）公司成立日期；

（三）公司注册资本；

（四）股东的姓名或者名称、认缴和实缴的出资额、出资方式和出资日期；

（五）出资证明书的编号和核发日期。

出资证明书由法定代表人签名，并由公司盖章。

第五十六条 有限责任公司应当置备股东名册，记载下列事项：

（一）股东的姓名或者名称及住所；

（二）股东认缴和实缴的出资额、出资方式和出资日期；

（三）出资证明书编号；

（四）取得和丧失股东资格的日期。

记载于股东名册的股东，可以依股东名册主张行使股东权利。

第五十七条 股东有权查阅、复制公司章程、股东名册、股东会会议记录、董事会会议决议、监事会会议决议和财务会计报告。

股东可以要求查阅公司会计账簿、会计凭证。股东要求查阅公司会计账簿、会计凭证的，应当向公司提出书面请求，说明目的。公司有合理根据认为股东查阅会计账簿、会计凭证有不正当目的，可能损害公司合法利益的，可以拒绝提供查阅，并应当自股东提出书面请求之日起十五日内书面答复股东并说明理由。公司拒绝提供查阅的，股东可以向人民法院提起诉讼。

股东查阅前款规定的材料，可以委托会计师事务所、律师事务所等中介机构进行。

股东及其委托的会计师事务所、律师事务所等中介机构查阅、复制有关材料，应当遵守有关保护国家秘密、商业秘密、个人隐私、个人信息等法律、行政法规的规定。

股东要求查阅、复制公司全资子公司相关材料的，适用前四款的规定。

第二节　组织机构

第五十八条　有限责任公司股东会由全体股东组成。股东会是公司的权力机构，依照本法行使职权。

第五十九条　股东会行使下列职权：

（一）选举和更换董事、监事，决定有关董事、监事的报酬事项；

（二）审议批准董事会的报告；

（三）审议批准监事会的报告；

（四）审议批准公司的利润分配方案和弥补亏损方案；

（五）对公司增加或者减少注册资本作出决议；

（六）对发行公司债券作出决议；

（七）对公司合并、分立、解散、清算或者变更公司形式作出决议；

（八）修改公司章程；

（九）公司章程规定的其他职权。

股东会可以授权董事会对发行公司债券作出决议。

对本条第一款所列事项股东以书面形式一致表示同意的，可以不召开股东会会议，直接作出决定，并由全体股东在决定文件上签名或者盖章。

第六十条　只有一个股东的有限责任公司不设股东会。股东作出前条第一款所列事项的决定时，应当采用书面形式，并由股东签名或者盖章后置备于公司。

第六十一条　首次股东会会议由出资最多的股东召集和主持，依照本法规定行使职权。

第六十二条 股东会会议分为定期会议和临时会议。

定期会议应当按照公司章程的规定按时召开。代表十分之一以上表决权的股东、三分之一以上的董事或者监事会提议召开临时会议的，应当召开临时会议。

第六十三条 股东会会议由董事会召集，董事长主持；董事长不能履行职务或者不履行职务的，由副董事长主持；副董事长不能履行职务或者不履行职务的，由过半数的董事共同推举一名董事主持。

董事会不能履行或者不履行召集股东会会议职责的，由监事会召集和主持；监事会不召集和主持的，代表十分之一以上表决权的股东可以自行召集和主持。

第六十四条 召开股东会会议，应当于会议召开十五日前通知全体股东；但是，公司章程另有规定或者全体股东另有约定的除外。

股东会应当对所议事项的决定作成会议记录，出席会议的股东应当在会议记录上签名或者盖章。

第六十五条 股东会会议由股东按照出资比例行使表决权；但是，公司章程另有规定的除外。

第六十六条 股东会的议事方式和表决程序，除本法有规定的外，由公司章程规定。

股东会作出决议，应当经代表过半数表决权的股东通过。

股东会作出修改公司章程、增加或者减少注册资本的决议，以及公司合并、分立、解散或者变更公司形式的决议，应当经代表三分之二以上表决权的股东通过。

第六十七条 有限责任公司设董事会，本法第七十五条另有规定的除外。

董事会行使下列职权：

（一）召集股东会会议，并向股东会报告工作；

（二）执行股东会的决议；

（三）决定公司的经营计划和投资方案；

（四）制订公司的利润分配方案和弥补亏损方案；

（五）制订公司增加或者减少注册资本以及发行公司债券的方案；

（六）制订公司合并、分立、解散或者变更公司形式的方案；

（七）决定公司内部管理机构的设置；

（八）决定聘任或者解聘公司经理及其报酬事项，并根据经理的提名决定聘任或者解聘公司副经理、财务负责人及其报酬事项；

（九）制定公司的基本管理制度；

（十）公司章程规定或者股东会授予的其他职权。

公司章程对董事会职权的限制不得对抗善意相对人。

第六十八条 有限责任公司董事会成员为三人以上，其成员中可以有公司职工代表。职工人数三百人以上的有限责任公司，除依法设监事会并有公司职工代表的外，其董事会成员中应当有公司职工代表。董事会中的职工代表由公司职工通过职工代表大会、职工大会或者其他形式民主选举产生。

董事会设董事长一人，可以设副董事长。董事长、副董事长的产生办法由公司章程规定。

第六十九条 有限责任公司可以按照公司章程的规定在董事会中设置由董事组成的审计委员会，行使本法规定的监事会的职权，不设监事会或者监事。公司董事会成员中的职工代表可以成为审计委员会成员。

第七十条 董事任期由公司章程规定，但每届任期不得超过三年。董事任期届满，连选可以连任。

董事任期届满未及时改选，或者董事在任期内辞任导致董事会成员低于法定人数的，在改选出的董事就任前，原董事仍应当依照法律、行政法规和公司章程的规定，履行董事职务。

董事辞任的，应当以书面形式通知公司，公司收到通知之日辞任生效，但存在前款规定情形的，董事应当继续履行职务。

第七十一条 股东会可以决议解任董事，决议作出之日解任生效。

无正当理由，在任期届满前解任董事的，该董事可以要求公司予以赔偿。

第七十二条 董事会会议由董事长召集和主持；董事长不能履行职务或者不履行职务的，由副董事长召集和主持；副董事长不能履行职务或者不履行职务的，由过半数的董事共同推举一名董事召集和主持。

第七十三条 董事会的议事方式和表决程序，除本法有规定的外，由公司章程规定。

董事会会议应当有过半数的董事出席方可举行。董事会作出决议，应当经全体董事的过半数通过。

董事会决议的表决，应当一人一票。

董事会应当对所议事项的决定作成会议记录，出席会议的董事应当在会议记录上签名。

第七十四条 有限责任公司可以设经理，由董事会决定聘任或者解聘。

经理对董事会负责，根据公司章程的规定或者董事会的授权行使职权。经理列席董事会会议。

第七十五条 规模较小或者股东人数较少的有限责任公司，可以不设董事会，设一名董事，行使本法规定的董事会的职权。该董事可以兼任公司经理。

第七十六条 有限责任公司设监事会，本法第六十九条、第八十三条另有规定的除外。

监事会成员为三人以上。监事会成员应当包括股东代表和适当比例的公司职工代表，其中职工代表的比例不得低于三分之一，具体比例由公司章程规定。监事会中的职工代表由公司职工通过职工代表大会、职工大会或者其他形式民主选举产生。

监事会设主席一人，由全体监事过半数选举产生。监事会主席召集和主持监事会会议；监事会主席不能履行职务或者不履行职务的，由过半数的监事共同推举一名监事召集和主持监事会会议。

董事、高级管理人员不得兼任监事。

第七十七条 监事的任期每届为三年。监事任期届满，连选可以连任。

监事任期届满未及时改选，或者监事在任期内辞任导致监事会成员低于法定人数的，在改选出的监事就任前，原监事仍应当依照法律、行政法规和公司章程的规定，履行监事职务。

第七十八条 监事会行使下列职权：

（一）检查公司财务；

（二）对董事、高级管理人员执行职务的行为进行监督，对违反法律、行政法规、公司章程或者股东会决议的董事、高级管理人员提出解任的建议；

（三）当董事、高级管理人员的行为损害公司的利益时，要求董事、高级管理人员予以纠正；

（四）提议召开临时股东会会议，在董事会不履行本法规定的召集和主持股东会会议职责时召集和主持股东会会议；

（五）向股东会会议提出提案；

（六）依照本法第一百八十九条的规定，对董事、高级管理人员提起诉讼；

（七）公司章程规定的其他职权。

第七十九条 监事可以列席董事会会议，并对董事会决议事项提出质询或者建议。

监事会发现公司经营情况异常，可以进行调查；必要时，可以聘请会计师事务所等协助其工作，费用由公司承担。

第八十条 监事会可以要求董事、高级管理人员提交执行职务的报告。

董事、高级管理人员应当如实向监事会提供有关情况和资料，不得妨碍监事会或者监事行使职权。

第八十一条 监事会每年度至少召开一次会议，监事可以提议召开临时监事会会议。

监事会的议事方式和表决程序，除本法有规定的外，由公司章程规定。

监事会决议应当经全体监事的过半数通过。

监事会决议的表决，应当一人一票。

监事会应当对所议事项的决定作成会议记录，出席会议的监事应当在会议记录上签名。

第八十二条 监事会行使职权所必需的费用，由公司承担。

第八十三条 规模较小或者股东人数较少的有限责任公司，可以不设监事会，设一名监事，行使本法规定的监事会的职权；经全体股东一致同意，也可以不设监事。

第四章 有限责任公司的股权转让

第八十四条 有限责任公司的股东之间可以相互转让其全部或者部分股权。

股东向股东以外的人转让股权的，应当将股权转让的数量、价格、支付方式和期限等事项书面通知其他股东，其他股东在同等条件下有优先购买权。股东自接到书面通知之日起二十日内未答复的，视为放弃优先购买权。两个以上股东行使优先购买权的，协商确定各自的购买比例；协商不成的，按照转让时各自的出资比例行使优先购买权。

公司章程对股权转让另有规定的，从其规定。

第八十五条 人民法院依照法律规定的强制执行程序转让股东的股权时，应当通知公司及全体股东，其他股东在同等条件下有优先购买权。其他股东自人民法院通知之日起满二十日不行使优先购买权的，视为放弃优先购买权。

第八十六条 股东转让股权的，应当书面通知公司，请求变更股东名册；需要办理变更登记的，并请求公司向公司登记机关办理变更登记。公司拒绝或者在合理期限内不予答复的，转让人、受让人可以依法向人民法院提起诉讼。

股权转让的，受让人自记载于股东名册时起可以向公司主张行使股东权利。

第八十七条 依照本法转让股权后，公司应当及时注销原股东的出资证明书，向新股东签发出资证明书，并相应修改公司章程和股东名册中有关股东及其出资额的记载。对公司章程的该项修改不需再由股东会表决。

第八十八条 股东转让已认缴出资但未届出资期限的股权的，由受让人承担缴纳该出资的义务；受让人未按期足额缴纳出资的，转让人对受让人未按期缴纳的出资承担补充责任。

未按照公司章程规定的出资日期缴纳出资或者作为出资的非货币财产的实际价额显著低于所认缴的出资额的股东转让股权的，转让人与受让人在出资不足的范围内承担连带责任；受让人不知道且不应当知道存在上述情形的，由转让人承担责任。

第八十九条 有下列情形之一的，对股东会该项决议投反对票的股东可以请求公司按照合理的价格收购其股权：

（一）公司连续五年不向股东分配利润，而公司该五年连续盈利，并且符合本法规定的分配利润条件；

（二）公司合并、分立、转让主要财产；

（三）公司章程规定的营业期限届满或者章程规定的其他解散事由出现，股东会通过决议修改章程使公司存续。

自股东会决议作出之日起六十日内，股东与公司不能达成股权收购协议的，股东可以自股东会决议作出之日起九十日内向人民法院提起诉讼。

公司的控股股东滥用股东权利，严重损害公司或者其他股东利益的，其他股东有权请求公司按照合理的价格收购其股权。

公司因本条第一款、第三款规定的情形收购的本公司股权，应当在六个月内依法转让或者注销。

第九十条 自然人股东死亡后，其合法继承人可以继承股东资格；但是，公司章程另有规定的除外。

第五章 股份有限公司的设立和组织机构

第一节 设 立

第九十一条 设立股份有限公司，可以采取发起设立或者募集设立的方式。

发起设立，是指由发起人认购设立公司时应发行的全部股份而设立公司。

募集设立，是指由发起人认购设立公司时应发行股份的一部分，其余股份向特定对象募集或者向社会公开募集而设立公司。

第九十二条 设立股份有限公司，应当有一人以上二百人以下为发起人，其中应当有半数以上的发起人在中华人民共和国境内有住所。

第九十三条 股份有限公司发起人承担公司筹办事务。

发起人应当签订发起人协议，明确各自在公司设立过程中的权利和义务。

第九十四条 设立股份有限公司，应当由发起人共同制订公司章程。

第九十五条 股份有限公司章程应当载明下列事项：

（一）公司名称和住所；

（二）公司经营范围；

（三）公司设立方式；

（四）公司注册资本、已发行的股份数和设立时发行的股份数，面额股的每股金额；

（五）发行类别股的，每一类别股的股份数及其权利和义务；

（六）发起人的姓名或者名称、认购的股份数、出资方式；

（七）董事会的组成、职权和议事规则；

（八）公司法定代表人的产生、变更办法；

（九）监事会的组成、职权和议事规则；

（十）公司利润分配办法；

（十一）公司的解散事由与清算办法；

（十二）公司的通知和公告办法；

（十三）股东会认为需要规定的其他事项。

第九十六条 股份有限公司的注册资本为在公司登记机关登记的已发行股份的股本总额。在发起人认购的股份缴足前，不得向他人募集股份。

法律、行政法规以及国务院决定对股份有限公司注册资本最低限额另有规定的，从其规定。

第九十七条 以发起设立方式设立股份有限公司的，发起人应当认足公司章程规定的公司设立时应发行的股份。

以募集设立方式设立股份有限公司的，发起人认购的股份不得少于公司章程规定的公司设立时应发行股份总数的百分之三十五；但是，法律、行政法规另有规定的，从其规定。

第九十八条 发起人应当在公司成立前按照其认购的股份全额缴纳股款。

发起人的出资，适用本法第四十八条、第四十九条第二款关于有限责任公司股东出资的规定。

第九十九条 发起人不按照其认购的股份缴纳股款，或者作为出资的非货币财产的实际价额显著低于所认购的股份的，其他发起人与该发起人在出资不足的范围内承担连带责任。

第一百条 发起人向社会公开募集股份，应当公告招股说明书，并制作认股书。认股书应当载明本法第一百五十四条第二款、第三款所列事项，由认股人填写认购的股份数、金额、住所，并签名或者盖章。认股人应当按照所认购股份足额缴纳股款。

第一百零一条 向社会公开募集股份的股款缴足后，应当经依法设立的验资机构验资并出具证明。

第一百零二条 股份有限公司应当制作股东名册并置备于公司。股东名册应当记载下列事项：

（一）股东的姓名或者名称及住所；

（二）各股东所认购的股份种类及股份数；

（三）发行纸面形式的股票的，股票的编号；

（四）各股东取得股份的日期。

第一百零三条 募集设立股份有限公司的发起人应当自公司设立时应发行股份的股款缴足之日起三十日内召开公司成立大会。发起人应当在成立大会召开十五日前将会议日期通知各认股人或者予以公告。成立大会应当有持有表决权过半数的认股人出席，方可举行。

以发起设立方式设立股份有限公司成立大会的召开和表决程序由公司章程或者发起人协议规定。

第一百零四条 公司成立大会行使下列职权：

（一）审议发起人关于公司筹办情况的报告；

（二）通过公司章程；

（三）选举董事、监事；

（四）对公司的设立费用进行审核；

（五）对发起人非货币财产出资的作价进行审核；

（六）发生不可抗力或者经营条件发生重大变化直接影响公司设立的，可以作出不设立公司的决议。

成立大会对前款所列事项作出决议，应当经出席会议的认股人所持表决权过半数通过。

第一百零五条 公司设立时应发行的股份未募足，或者发行股份的股款缴足后，发起人在三十日内未召开成立大会的，认股人可以按照所缴股款并加算银行同期存款利息，要求发起人返还。

发起人、认股人缴纳股款或者交付非货币财产出资后，除未按期募足股份、发起人未按期召开成立大会或者成立大会决议不设立公司的情形外，不得抽回其股本。

第一百零六条 董事会应当授权代表，于公司成立大会结束后三十日内向公司登记机关申请设立登记。

第一百零七条 本法第四十四条、第四十九条第三款、第五十一条、第五十二条、第五十三条的规定，适用于股份有限公司。

第一百零八条 有限责任公司变更为股份有限公司时，折合的实收股本总额不得高于公司净资产额。有限责任公司变更为股份有限公司，为增加注册资本公开发行股份时，应当依法办理。

第一百零九条 股份有限公司应当将公司章程、股东名册、股东会会议记录、董事会会议记录、监事会会议记录、财务会计报告、债券持有人名册置备于本公司。

第一百一十条 股东有权查阅、复制公司章程、股东名册、股东会会议记录、董事会会议决议、监事会会议决议、财务会计报告，对公司的经营提出建议或者质询。

连续一百八十日以上单独或者合计持有公司百分之三以上股份的股东要求查阅公司的会计账簿、会计凭证的，适用本法第五十七条第二款、第三款、第四款的规定。公司章程对持股比例有较低规定的，从其规定。

股东要求查阅、复制公司全资子公司相关材料的，适用前两款的规定。

上市公司股东查阅、复制相关材料的，应当遵守《中华人民共和国证券法》等法律、行政法规的规定。

第二节　股　东　会

第一百一十一条　股份有限公司股东会由全体股东组成。股东会是公司的权力机构，依照本法行使职权。

第一百一十二条　本法第五十九条第一款、第二款关于有限责任公司股东会职权的规定，适用于股份有限公司股东会。

本法第六十条关于只有一个股东的有限责任公司不设股东会的规定，适用于只有一个股东的股份有限公司。

第一百一十三条　股东会应当每年召开一次年会。有下列情形之一的，应当在两个月内召开临时股东会会议：

（一）董事人数不足本法规定人数或者公司章程所定人数的三分之二时；

（二）公司未弥补的亏损达股本总额三分之一时；

（三）单独或者合计持有公司百分之十以上股份的股东请求时；

（四）董事会认为必要时；

（五）监事会提议召开时；

（六）公司章程规定的其他情形。

第一百一十四条　股东会会议由董事会召集，董事长主持；董事长不能履行职务或者不履行职务的，由副董事长主持；副董事长不能履行职务或者不履行职务的，由过半数的董事共同推举一名董事主持。

董事会不能履行或者不履行召集股东会会议职责的，监事会应当及时召集和主持；监事会不召集和主持的，连续九十日以上单独或者合计持有公司百分之十以上股份的股东可以自行召集和主持。

单独或者合计持有公司百分之十以上股份的股东请求召开临时股东会会议的，董事会、监事会应当在收到请求之日起十日内作出是否召开临时股东会会议的决定，并书面答复股东。

第一百一十五条　召开股东会会议，应当将会议召开的时间、地点和审议的事项于会议召开二十日前通知各股东；临时股东会会议应当于会议召开十五日前通知各股东。

单独或者合计持有公司百分之一以上股份的股东，可以在股东会会议召开十日前提出临时提案并书面提交董事会。临时提案应当有明确议题和具体决议事项。董事会应当在收到提案后二日内通知其他股东，并将该临时提案提交股东会审议；但临时提案违反法律、行政法规或者公司章程的规定，或者不属于股东会职权范围的除外。公司不得提高提出临时提案股东的持股比例。

公开发行股份的公司，应当以公告方式作出前两款规定的通知。

股东会不得对通知中未列明的事项作出决议。

第一百一十六条　股东出席股东会会议，所持每一股份有一表决权，类别股股东除外。公司持有的本公司股份没有表决权。

股东会作出决议，应当经出席会议的股东所持表决权过半数通过。

股东会作出修改公司章程、增加或者减少注册资本的决议，以及公司合并、分立、解散或者变更公司形式的决议，应当经出席会议的股东所持表决权的三分之二以上通过。

第一百一十七条　股东会选举董事、监事，可以按照公司章程的规定或者股东会的决议，实行累积投票制。

本法所称累积投票制，是指股东会选举董事或者监事时，每一股份拥有与应选董事或者监事人数相同的表决权，股东拥有的表决权可以集中使用。

第一百一十八条　股东委托代理人出席股东会会议的，应当明确代理人代理的事项、权限和期限；代理人应当向公司提交股东授权委托书，并在授权范围内行使表决权。

第一百一十九条　股东会应当对所议事项的决定作成会议记录，主持人、出席会议的董事应当在会议记录上签名。会议记录应当与出席股东的签名册及代理出席的委托书一并保存。

第三节　董事会、经理

第一百二十条　股份有限公司设董事会，本法第一百二十八条另有规定的除外。

本法第六十七条、第六十八条第一款、第七十条、第七十一条的规定，适用于股份有限公司。

第一百二十一条　股份有限公司可以按照公司章程的规定在董事会中设置由董事组成的审计委员会，行使本法规定的监事会的职权，不设监事会或者监事。

审计委员会成员为三名以上，过半数成员不得在公司担任除董事以外的其他职务，且不得与公司存在任何可能影响其独立客观判断的关系。公司董事会成员中的职工代表可以成为审计委员会成员。

审计委员会作出决议，应当经审计委员会成员的过半数通过。

审计委员会决议的表决，应当一人一票。

审计委员会的议事方式和表决程序，除本法有规定的外，由公司章程规定。

公司可以按照公司章程的规定在董事会中设置其他委员会。

第一百二十二条　董事会设董事长一人，可以设副董事长。董事长和副董事长由董事会以全体董事的过半数选举产生。

董事长召集和主持董事会会议，检查董事会决议的实施情况。副董事长协助董事长工作，董事长不能履行职务或者不履行职务的，由副董事长履行职务；副董事长不能履行职务或者不履行职务的，由过半数的董事共同推举一名董事履行职务。

第一百二十三条　董事会每年度至少召开两次会议，每次会议应当于会议召开十日前通知全体董事和监事。

代表十分之一以上表决权的股东、三分之一以上董事或者监事会，可以提议召开临时董事会会议。董事长应当自接到提议后十日内，召集和主持董事会会议。

董事会召开临时会议，可以另定召集董事会的通知方式和通知时限。

第一百二十四条 董事会会议应当有过半数的董事出席方可举行。董事会作出决议，应当经全体董事的过半数通过。

董事会决议的表决，应当一人一票。

董事会应当对所议事项的决定作成会议记录，出席会议的董事应当在会议记录上签名。

第一百二十五条 董事会会议，应当由董事本人出席；董事因故不能出席，可以书面委托其他董事代为出席，委托书应当载明授权范围。

董事应当对董事会的决议承担责任。董事会的决议违反法律、行政法规或者公司章程、股东会决议，给公司造成严重损失的，参与决议的董事对公司负赔偿责任；经证明在表决时曾表明异议并记载于会议记录的，该董事可以免除责任。

第一百二十六条 股份有限公司设经理，由董事会决定聘任或者解聘。

经理对董事会负责，根据公司章程的规定或者董事会的授权行使职权。经理列席董事会会议。

第一百二十七条 公司董事会可以决定由董事会成员兼任经理。

第一百二十八条 规模较小或者股东人数较少的股份有限公司，可以不设董事会，设一名董事，行使本法规定的董事会的职权。该董事可以兼任公司经理。

第一百二十九条 公司应当定期向股东披露董事、监事、高级管理人员从公司获得报酬的情况。

第四节 监 事 会

第一百三十条 股份有限公司设监事会，本法第一百二十一条第一款、第一百三十三条另有规定的除外。

监事会成员为三人以上。监事会成员应当包括股东代表和适当比例的公司职工代表，其中职工代表的比例不得低于三分之一，具体比例由公司章程规定。监事会中的职工代表由公司职工通过职工代表大会、职工大会或者其他形式民主选举产生。

监事会设主席一人，可以设副主席。监事会主席和副主席由全体监事过半数选举产生。监事会主席召集和主持监事会会议；监事会主席不能履行职务或者不履行职务的，由监事会副主席召集和主持监事会会议；监事会副主席不能履行职务或者不履行职务的，由过半数的监事共同推举一名监事召集和主持监事会会议。

董事、高级管理人员不得兼任监事。

本法第七十七条关于有限责任公司监事任期的规定，适用于股份有限公司监事。

第一百三十一条 本法第七十八条至第八十条的规定，适用于股份有限公司监事会。

监事会行使职权所必需的费用，由公司承担。

第一百三十二条 监事会每六个月至少召开一次会议。监事可以提议召开临时监事会会议。

监事会的议事方式和表决程序，除本法有规定的外，由公司章程规定。

监事会决议应当经全体监事的过半数通过。

监事会决议的表决，应当一人一票。

监事会应当对所议事项的决定作成会议记录，出席会议的监事应当在会议记录上签名。

第一百三十三条 规模较小或者股东人数较少的股份有限公司，可以不设监事会，设一名监事，行使本法规定的监事会的职权。

第五节 上市公司组织机构的特别规定

第一百三十四条 本法所称上市公司，是指其股票在证券交易所上市交易的股份有限公司。

第一百三十五条 上市公司在一年内购买、出售重大资产或者向他人提供担保的金额超过公司资产总额百分之三十的，应当由股东会作出决议，并经出席会议的股东所持表决权的三分之二以上通过。

第一百三十六条 上市公司设独立董事，具体管理办法由国务院证券监督管理机构规定。

上市公司的公司章程除载明本法第九十五条规定的事项外，还应当依照法律、行政法规的规定载明董事会专门委员会的组成、职权以及董事、监事、高级管理人员薪酬考核机制等事项。

第一百三十七条 上市公司在董事会中设置审计委员会的，董事会对下列事项作出决议前应当经审计委员会全体成员过半数通过：

（一）聘用、解聘承办公司审计业务的会计师事务所；

（二）聘任、解聘财务负责人；

（三）披露财务会计报告；

（四）国务院证券监督管理机构规定的其他事项。

第一百三十八条 上市公司设董事会秘书，负责公司股东会和董事会会议的筹备、文件保管以及公司股东资料的管理，办理信息披露事务等事宜。

第一百三十九条 上市公司董事与董事会会议决议事项所涉及的企业或者个人有关联关系的，该董事应当及时向董事会书面报告。有关联关系的董事不得对该项决议行使表决权，也不得代理其他董事行使表决权。该董事会会议由过半数的无关联关系董事出席即可举行，董事会会议所作决议须经无关联关系董事过半数通过。出席董事会会议的无关联关系董事人数不足三人的，应当将该事项提交上市公司股东会审议。

第一百四十条 上市公司应当依法披露股东、实际控制人的信息，相关信息应当真实、准确、完整。

禁止违反法律、行政法规的规定代持上市公司股票。

第一百四十一条 上市公司控股子公司不得取得该上市公司的股份。

上市公司控股子公司因公司合并、质权行使等原因持有上市公司股份的，不得行使所持股份对应的表决权，并应当及时处分相关上市公司股份。

第六章 股份有限公司的股份发行和转让

第一节 股份发行

第一百四十二条 公司的资本划分为股份。公司的全部股份，根据公司章程的规定择一采用面额股或者无面额股。采用面额股的，每一股的金额相等。

公司可以根据公司章程的规定将已发行的面额股全部转换为无面额股或者将无面额股全部转换为面额股。

采用无面额股的，应当将发行股份所得股款的二分之一以上计入注册资本。

第一百四十三条 股份的发行，实行公平、公正的原则，同类别的每一股份应当具有同等权利。

同次发行的同类别股份，每股的发行条件和价格应当相同；认购人所认购的股份，每股应当支付相同价额。

第一百四十四条 公司可以按照公司章程的规定发行下列与普通股权利不同的类别股：

（一）优先或者劣后分配利润或者剩余财产的股份；

（二）每一股的表决权数多于或者少于普通股的股份；

（三）转让须经公司同意等转让受限的股份；

（四）国务院规定的其他类别股。

公开发行股份的公司不得发行前款第二项、第三项规定的类别股；公开发行前已发行的除外。

公司发行本条第一款第二项规定的类别股的，对于监事或者审计委员会成员的选举和更换，类别股与普通股每一股的表决权数相同。

第一百四十五条 发行类别股的公司，应当在公司章程中载明以下事项：

（一）类别股分配利润或者剩余财产的顺序；

（二）类别股的表决权数；

（三）类别股的转让限制；

（四）保护中小股东权益的措施；

（五）股东会认为需要规定的其他事项。

第一百四十六条 发行类别股的公司，有本法第一百一十六条第三款规定的事项等可能影响类别股股东权利的，除应当依照第一百一十六条第三款的规定经股东会决议外，还应当经出席类别股股东会议的股东所持表决权的三分之二以上通过。

公司章程可以对需经类别股股东会议决议的其他事项作出规定。

第一百四十七条 公司的股份采取股票的形式。股票是公司签发的证明股东所持股份的凭证。

公司发行的股票，应当为记名股票。

第一百四十八条 面额股股票的发行价格可以按票面金额，也可以超过票面金额，但不得低于票面金额。

第一百四十九条 股票采用纸面形式或者国务院证券监督管理机构规定的其他形式。

股票采用纸面形式的，应当载明下列主要事项：

（一）公司名称；

（二）公司成立日期或者股票发行的时间；

（三）股票种类、票面金额及代表的股份数，发行无面额股的，股票代表的股份数。

股票采用纸面形式的，还应当载明股票的编号，由法定代表人签名，公司盖章。

发起人股票采用纸面形式的，应当标明发起人股票字样。

第一百五十条 股份有限公司成立后，即向股东正式交付股票。公司成立前不得向股东交付股票。

第一百五十一条 公司发行新股，股东会应当对下列事项作出决议：

（一）新股种类及数额；

（二）新股发行价格；

（三）新股发行的起止日期；

（四）向原有股东发行新股的种类及数额；

（五）发行无面额股的，新股发行所得股款计入注册资本的金额。

公司发行新股，可以根据公司经营情况和财务状况，确定其作价方案。

第一百五十二条 公司章程或者股东会可以授权董事会在三年内决定发行不超过已发行股份百分之五十的股份。但以非货币财产作价出资的应当经股东会决议。

董事会依照前款规定决定发行股份导致公司注册资本、已发行股份数发生变化的，对公司章程该项记载事项的修改不需再由股东会表决。

第一百五十三条 公司章程或者股东会授权董事会决定发行新股的，董事会决议应当经全体董事三分之二以上通过。

第一百五十四条 公司向社会公开募集股份，应当经国务院证券监督管理机构注册，公告招股说明书。

招股说明书应当附有公司章程，并载明下列事项：

（一）发行的股份总数；

（二）面额股的票面金额和发行价格或者无面额股的发行价格；

（三）募集资金的用途；

（四）认股人的权利和义务；

（五）股份种类及其权利和义务；

（六）本次募股的起止日期及逾期未募足时认股人可以撤回所认股份的说明。

公司设立时发行股份的，还应当载明发起人认购的股份数。

第一百五十五条　公司向社会公开募集股份，应当由依法设立的证券公司承销，签订承销协议。

第一百五十六条　公司向社会公开募集股份，应当同银行签订代收股款协议。

代收股款的银行应当按照协议代收和保存股款，向缴纳股款的认股人出具收款单据，并负有向有关部门出具收款证明的义务。

公司发行股份募足股款后，应予公告。

第二节　股份转让

第一百五十七条　股份有限公司的股东持有的股份可以向其他股东转让，也可以向股东以外的人转让；公司章程对股份转让有限制的，其转让按照公司章程的规定进行。

第一百五十八条　股东转让其股份，应当在依法设立的证券交易场所进行或者按照国务院规定的其他方式进行。

第一百五十九条　股票的转让，由股东以背书方式或者法律、行政法规规定的其他方式进行；转让后由公司将受让人的姓名或者名称及住所记载于股东名册。

股东会会议召开前二十日内或者公司决定分配股利的基准日前五日内，不得变更股东名册。法律、行政法规或者国务院证券监督管理机构对上市公司股东名册变更另有规定的，从其规定。

第一百六十条　公司公开发行股份前已发行的股份，自公司股票在证券交易所上市交易之日起一年内不得转让。法律、行政法规或者国务院证券监督管理机构对上市公司的股东、实际控制人转让其所持有的本公司股份另有规定的，从其规定。

公司董事、监事、高级管理人员应当向公司申报所持有的本公司的股份及其变动情况，在就任时确定的任职期间每年转让的股份不得超过其所持有本公司股份总数的百分之二十五；所持本公司股份自公司股票上市交易之日起一年内不得转让。上述人员离职后半年内，不得转让其所持有的本公司股份。公司章程可以对公司董事、监事、高级管理人员转让其所持有的本公司股份作出其他限制性规定。

股份在法律、行政法规规定的限制转让期限内出质的，质权人不得在限制转让期限内行使质权。

第一百六十一条　有下列情形之一的，对股东会该项决议投反对票的股东可以请求公司按照合理的价格收购其股份，公开发行股份的公司除外：

（一）公司连续五年不向股东分配利润，而公司该五年连续盈利，并且符合本法规定的分配利润条件；

（二）公司转让主要财产；

（三）公司章程规定的营业期限届满或者章程规定的其他解散事由出现，股东会通过决议修改章程使公司存续。

自股东会决议作出之日起六十日内，股东与公司不能达成股份收购协议的，股东可以自股东会决议作出之日起九十日内向人民法院提起诉讼。

公司因本条第一款规定的情形收购的本公司股份，应当在六个月内依法转让或者注销。

第一百六十二条　公司不得收购本公司股份。但是，有下列情形之一的除外：

（一）减少公司注册资本；

（二）与持有本公司股份的其他公司合并；

（三）将股份用于员工持股计划或者股权激励；

（四）股东因对股东会作出的公司合并、分立决议持异议，要求公司收购其股份；

（五）将股份用于转换公司发行的可转换为股票的公司债券；

（六）上市公司为维护公司价值及股东权益所必需。

公司因前款第一项、第二项规定的情形收购本公司股份的，应当经股东会决议；公司因前款第三项、第五项、第六项规定的情形收购本公司股份的，可以按照公司章程或者股东会的授权，经三分之二以上董事出席的董事会会议决议。

公司依照本条第一款规定收购本公司股份后，属于第一项情形的，应当自收购之日起十日内注销；属于第二项、第四项情形的，应当在六个月内转让或者注销；属于第三项、第五项、第六项情形的，公司合计持有的本公司股份数不得超过本公司已发行股份总数的百分之十，并应当在三年内转让或者注销。

上市公司收购本公司股份的，应当依照《中华人民共和国证券法》的规定履行信息披露义务。上市公司因本条第一款第三项、第五项、第六项规定的情形收购本公司股份的，应当通过公开的集中交易方式进行。

公司不得接受本公司的股份作为质权的标的。

第一百六十三条　公司不得为他人取得本公司或者其母公司的股份提供赠与、借款、担保以及其他财务资助，公司实施员工持股计划的除外。

为公司利益，经股东会决议，或者董事会按照公司章程或者股东会的授权作出决议，公司可以为他人取得本公司或者其母公司的股份提供财务资助，但财务资助的累计总额不得超过已发行股本总额的百分之十。董事会作出决议应当经全体董事的三分之二以上通过。

违反前两款规定，给公司造成损失的，负有责任的董事、监事、高级管理人员应当承担赔偿责任。

第一百六十四条 股票被盗、遗失或者灭失，股东可以依照《中华人民共和国民事诉讼法》规定的公示催告程序，请求人民法院宣告该股票失效。人民法院宣告该股票失效后，股东可以向公司申请补发股票。

第一百六十五条 上市公司的股票，依照有关法律、行政法规及证券交易所交易规则上市交易。

第一百六十六条 上市公司应当依照法律、行政法规的规定披露相关信息。

第一百六十七条 自然人股东死亡后，其合法继承人可以继承股东资格；但是，股份转让受限的股份有限公司的章程另有规定的除外。

第七章 国家出资公司组织机构的特别规定

第一百六十八条 国家出资公司的组织机构，适用本章规定；本章没有规定的，适用本法其他规定。

本法所称国家出资公司，是指国家出资的国有独资公司、国有资本控股公司，包括国家出资的有限责任公司、股份有限公司。

第一百六十九条 国家出资公司，由国务院或者地方人民政府分别代表国家依法履行出资人职责，享有出资人权益。国务院或者地方人民政府可以授权国有资产监督管理机构或者其他部门、机构代表本级人民政府对国家出资公司履行出资人职责。

代表本级人民政府履行出资人职责的机构、部门，以下统称为履行出资人职责的机构。

第一百七十条 国家出资公司中中国共产党的组织，按照中国共产党章程的规定发挥领导作用，研究讨论公司重大经营管理事项，支持公司的组织机构依法行使职权。

第一百七十一条 国有独资公司章程由履行出资人职责的机构制定。

第一百七十二条 国有独资公司不设股东会，由履行出资人职责的机构行使股东会职权。履行出资人职责的机构可以授权公司董事会行使股东会的部分职权，但公司章程的制定和修改，公司的合并、分立、解散、申请破产，增加或者减少注册资本，分配利润，应当由履行出资人职责的机构决定。

第一百七十三条 国有独资公司的董事会依照本法规定行使职权。

国有独资公司的董事会成员中，应当过半数为外部董事，并应当有公司职工代表。

董事会成员由履行出资人职责的机构委派；但是，董事会成员中的职工代表由公司职工代表大会选举产生。

董事会设董事长一人，可以设副董事长。董事长、副董事长由履行出资人职责的机构从董事会成员中指定。

第一百七十四条 国有独资公司的经理由董事会聘任或者解聘。

经履行出资人职责的机构同意，董事会成员可以兼任经理。

第一百七十五条 国有独资公司的董事、高级管理人员，未经履行出资人职责的机构同意，不得在其他有限责任公司、股份有限公司或者其他经济组织兼职。

第一百七十六条 国有独资公司在董事会中设置由董事组成的审计委员会行使本法规定的监事会职权的，不设监事会或者监事。

第一百七十七条 国家出资公司应当依法建立健全内部监督管理和风险控制制度，加强内部合规管理。

第八章　公司董事、监事、高级管理人员的资格和义务

第一百七十八条 有下列情形之一的，不得担任公司的董事、监事、高级管理人员：

（一）无民事行为能力或者限制民事行为能力；

（二）因贪污、贿赂、侵占财产、挪用财产或者破坏社会主义市

场经济秩序，被判处刑罚，或者因犯罪被剥夺政治权利，执行期满未逾五年，被宣告缓刑的，自缓刑考验期满之日起未逾二年；

（三）担任破产清算的公司、企业的董事或者厂长、经理，对该公司、企业的破产负有个人责任的，自该公司、企业破产清算完结之日起未逾三年；

（四）担任因违法被吊销营业执照、责令关闭的公司、企业的法定代表人，并负有个人责任的，自该公司、企业被吊销营业执照、责令关闭之日起未逾三年；

（五）个人因所负数额较大债务到期未清偿被人民法院列为失信被执行人。

违反前款规定选举、委派董事、监事或者聘任高级管理人员的，该选举、委派或者聘任无效。

董事、监事、高级管理人员在任职期间出现本条第一款所列情形的，公司应当解除其职务。

第一百七十九条　董事、监事、高级管理人员应当遵守法律、行政法规和公司章程。

第一百八十条　董事、监事、高级管理人员对公司负有忠实义务，应当采取措施避免自身利益与公司利益冲突，不得利用职权牟取不正当利益。

董事、监事、高级管理人员对公司负有勤勉义务，执行职务应当为公司的最大利益尽到管理者通常应有的合理注意。

公司的控股股东、实际控制人不担任公司董事但实际执行公司事务的，适用前两款规定。

第一百八十一条　董事、监事、高级管理人员不得有下列行为：

（一）侵占公司财产、挪用公司资金；

（二）将公司资金以其个人名义或者以其他个人名义开立账户存储；

（三）利用职权贿赂或者收受其他非法收入；

（四）接受他人与公司交易的佣金归为己有；

（五）擅自披露公司秘密；

（六）违反对公司忠实义务的其他行为。

第一百八十二条 董事、监事、高级管理人员，直接或者间接与本公司订立合同或者进行交易，应当就与订立合同或者进行交易有关的事项向董事会或者股东会报告，并按照公司章程的规定经董事会或者股东会决议通过。

董事、监事、高级管理人员的近亲属，董事、监事、高级管理人员或者其近亲属直接或者间接控制的企业，以及与董事、监事、高级管理人员有其他关联关系的关联人，与公司订立合同或者进行交易，适用前款规定。

第一百八十三条 董事、监事、高级管理人员，不得利用职务便利为自己或者他人谋取属于公司的商业机会。但是，有下列情形之一的除外：

（一）向董事会或者股东会报告，并按照公司章程的规定经董事会或者股东会决议通过；

（二）根据法律、行政法规或者公司章程的规定，公司不能利用该商业机会。

第一百八十四条 董事、监事、高级管理人员未向董事会或者股东会报告，并按照公司章程的规定经董事会或者股东会决议通过，不得自营或者为他人经营与其任职公司同类的业务。

第一百八十五条 董事会对本法第一百八十二条至第一百八十四条规定的事项决议时，关联董事不得参与表决，其表决权不计入表决权总数。出席董事会会议的无关联关系董事人数不足三人的，应当将该事项提交股东会审议。

第一百八十六条 董事、监事、高级管理人员违反本法第一百八十一条至第一百八十四条规定所得的收入应当归公司所有。

第一百八十七条 股东会要求董事、监事、高级管理人员列席会议的，董事、监事、高级管理人员应当列席并接受股东的质询。

第一百八十八条 董事、监事、高级管理人员执行职务违反法律、行政法规或者公司章程的规定，给公司造成损失的，应当承担赔偿责任。

第一百八十九条 董事、高级管理人员有前条规定的情形的，有限责任公司的股东、股份有限公司连续一百八十日以上单独或者合计持有公司百分之一以上股份的股东，可以书面请求监事会向人民法院提起诉讼；监事有前条规定的情形的，前述股东可以书面请求董事会向人民法院提起诉讼。

监事会或者董事会收到前款规定的股东书面请求后拒绝提起诉讼，或者自收到请求之日起三十日内未提起诉讼，或者情况紧急、不立即提起诉讼将会使公司利益受到难以弥补的损害的，前款规定的股东有权为公司利益以自己的名义直接向人民法院提起诉讼。

他人侵犯公司合法权益，给公司造成损失的，本条第一款规定的股东可以依照前两款的规定向人民法院提起诉讼。

公司全资子公司的董事、监事、高级管理人员有前条规定情形，或者他人侵犯公司全资子公司合法权益造成损失的，有限责任公司的股东、股份有限公司连续一百八十日以上单独或者合计持有公司百分之一以上股份的股东，可以依照前三款规定书面请求全资子公司的监事会、董事会向人民法院提起诉讼或者以自己的名义直接向人民法院提起诉讼。

第一百九十条 董事、高级管理人员违反法律、行政法规或者公司章程的规定，损害股东利益的，股东可以向人民法院提起诉讼。

第一百九十一条 董事、高级管理人员执行职务，给他人造成损害的，公司应当承担赔偿责任；董事、高级管理人员存在故意或者重大过失的，也应当承担赔偿责任。

第一百九十二条 公司的控股股东、实际控制人指示董事、高级管理人员从事损害公司或者股东利益的行为的，与该董事、高级管理人员承担连带责任。

第一百九十三条 公司可以在董事任职期间为董事因执行公司职务承担的赔偿责任投保责任保险。

公司为董事投保责任保险或者续保后，董事会应当向股东会报告责任保险的投保金额、承保范围及保险费率等内容。

第九章 公司债券

第一百九十四条 本法所称公司债券，是指公司发行的约定按期还本付息的有价证券。

公司债券可以公开发行，也可以非公开发行。

公司债券的发行和交易应当符合《中华人民共和国证券法》等法律、行政法规的规定。

第一百九十五条 公开发行公司债券，应当经国务院证券监督管理机构注册，公告公司债券募集办法。

公司债券募集办法应当载明下列主要事项：

（一）公司名称；

（二）债券募集资金的用途；

（三）债券总额和债券的票面金额；

（四）债券利率的确定方式；

（五）还本付息的期限和方式；

（六）债券担保情况；

（七）债券的发行价格、发行的起止日期；

（八）公司净资产额；

（九）已发行的尚未到期的公司债券总额；

（十）公司债券的承销机构。

第一百九十六条 公司以纸面形式发行公司债券的，应当在债券上载明公司名称、债券票面金额、利率、偿还期限等事项，并由法定代表人签名，公司盖章。

第一百九十七条 公司债券应当为记名债券。

第一百九十八条 公司发行公司债券应当置备公司债券持有人名册。

发行公司债券的，应当在公司债券持有人名册上载明下列事项：

（一）债券持有人的姓名或者名称及住所；

（二）债券持有人取得债券的日期及债券的编号；

（三）债券总额，债券的票面金额、利率、还本付息的期限和方式；

（四）债券的发行日期。

第一百九十九条 公司债券的登记结算机构应当建立债券登记、存管、付息、兑付等相关制度。

第二百条 公司债券可以转让，转让价格由转让人与受让人约定。

公司债券的转让应当符合法律、行政法规的规定。

第二百零一条 公司债券由债券持有人以背书方式或者法律、行政法规规定的其他方式转让；转让后由公司将受让人的姓名或者名称及住所记载于公司债券持有人名册。

第二百零二条 股份有限公司经股东会决议，或者经公司章程、股东会授权由董事会决议，可以发行可转换为股票的公司债券，并规定具体的转换办法。上市公司发行可转换为股票的公司债券，应当经国务院证券监督管理机构注册。

发行可转换为股票的公司债券，应当在债券上标明可转换公司债券字样，并在公司债券持有人名册上载明可转换公司债券的数额。

第二百零三条 发行可转换为股票的公司债券的，公司应当按照其转换办法向债券持有人换发股票，但债券持有人对转换股票或者不转换股票有选择权。法律、行政法规另有规定的除外。

第二百零四条 公开发行公司债券的，应当为同期债券持有人设立债券持有人会议，并在债券募集办法中对债券持有人会议的召集程序、会议规则和其他重要事项作出规定。债券持有人会议可以对与债券持有人有利害关系的事项作出决议。

除公司债券募集办法另有约定外，债券持有人会议决议对同期全体债券持有人发生效力。

第二百零五条　公开发行公司债券的，发行人应当为债券持有人聘请债券受托管理人，由其为债券持有人办理受领清偿、债权保全、与债券相关的诉讼以及参与债务人破产程序等事项。

第二百零六条　债券受托管理人应当勤勉尽责，公正履行受托管理职责，不得损害债券持有人利益。

受托管理人与债券持有人存在利益冲突可能损害债券持有人利益的，债券持有人会议可以决议变更债券受托管理人。

债券受托管理人违反法律、行政法规或者债券持有人会议决议，损害债券持有人利益的，应当承担赔偿责任。

第十章　公司财务、会计

第二百零七条　公司应当依照法律、行政法规和国务院财政部门的规定建立本公司的财务、会计制度。

第二百零八条　公司应当在每一会计年度终了时编制财务会计报告，并依法经会计师事务所审计。

财务会计报告应当依照法律、行政法规和国务院财政部门的规定制作。

第二百零九条　有限责任公司应当按照公司章程规定的期限将财务会计报告送交各股东。

股份有限公司的财务会计报告应当在召开股东会年会的二十日前置备于本公司，供股东查阅；公开发行股份的股份有限公司应当公告其财务会计报告。

第二百一十条　公司分配当年税后利润时，应当提取利润的百分之十列入公司法定公积金。公司法定公积金累计额为公司注册资本的百分之五十以上的，可以不再提取。

公司的法定公积金不足以弥补以前年度亏损的，在依照前款规定提取法定公积金之前，应当先用当年利润弥补亏损。

公司从税后利润中提取法定公积金后，经股东会决议，还可以从税后利润中提取任意公积金。

公司弥补亏损和提取公积金后所余税后利润，有限责任公司按照股东实缴的出资比例分配利润，全体股东约定不按照出资比例分配利润的除外；股份有限公司按照股东所持有的股份比例分配利润，公司章程另有规定的除外。

公司持有的本公司股份不得分配利润。

第二百一十一条 公司违反本法规定向股东分配利润的，股东应当将违反规定分配的利润退还公司；给公司造成损失的，股东及负有责任的董事、监事、高级管理人员应当承担赔偿责任。

第二百一十二条 股东会作出分配利润的决议的，董事会应当在股东会决议作出之日起六个月内进行分配。

第二百一十三条 公司以超过股票票面金额的发行价格发行股份所得的溢价款、发行无面额股所得股款未计入注册资本的金额以及国务院财政部门规定列入资本公积金的其他项目，应当列为公司资本公积金。

第二百一十四条 公司的公积金用于弥补公司的亏损、扩大公司生产经营或者转为增加公司注册资本。

公积金弥补公司亏损，应当先使用任意公积金和法定公积金；仍不能弥补的，可以按照规定使用资本公积金。

法定公积金转为增加注册资本时，所留存的该项公积金不得少于转增前公司注册资本的百分之二十五。

第二百一十五条 公司聘用、解聘承办公司审计业务的会计师事务所，按照公司章程的规定，由股东会、董事会或者监事会决定。

公司股东会、董事会或者监事会就解聘会计师事务所进行表决时，应当允许会计师事务所陈述意见。

第二百一十六条 公司应当向聘用的会计师事务所提供真实、完整的会计凭证、会计账簿、财务会计报告及其他会计资料，不得拒绝、隐匿、谎报。

第二百一十七条 公司除法定的会计账簿外，不得另立会计账簿。

对公司资金，不得以任何个人名义开立账户存储。

第十一章 公司合并、分立、增资、减资

第二百一十八条 公司合并可以采取吸收合并或者新设合并。

一个公司吸收其他公司为吸收合并，被吸收的公司解散。两个以上公司合并设立一个新的公司为新设合并，合并各方解散。

第二百一十九条 公司与其持股百分之九十以上的公司合并，被合并的公司不需经股东会决议，但应当通知其他股东，其他股东有权请求公司按照合理的价格收购其股权或者股份。

公司合并支付的价款不超过本公司净资产百分之十的，可以不经股东会决议；但是，公司章程另有规定的除外。

公司依照前两款规定合并不经股东会决议的，应当经董事会决议。

第二百二十条 公司合并，应当由合并各方签订合并协议，并编制资产负债表及财产清单。公司应当自作出合并决议之日起十日内通知债权人，并于三十日内在报纸上或者国家企业信用信息公示系统公告。债权人自接到通知之日起三十日内，未接到通知的自公告之日起四十五日内，可以要求公司清偿债务或者提供相应的担保。

第二百二十一条 公司合并时，合并各方的债权、债务，应当由合并后存续的公司或者新设的公司承继。

第二百二十二条 公司分立，其财产作相应的分割。

公司分立，应当编制资产负债表及财产清单。公司应当自作出

分立决议之日起十日内通知债权人，并于三十日内在报纸上或者国家企业信用信息公示系统公告。

第二百二十三条　公司分立前的债务由分立后的公司承担连带责任。但是，公司在分立前与债权人就债务清偿达成的书面协议另有约定的除外。

第二百二十四条　公司减少注册资本，应当编制资产负债表及财产清单。

公司应当自股东会作出减少注册资本决议之日起十日内通知债权人，并于三十日内在报纸上或者国家企业信用信息公示系统公告。债权人自接到通知之日起三十日内，未接到通知的自公告之日起四十五日内，有权要求公司清偿债务或者提供相应的担保。

公司减少注册资本，应当按照股东出资或者持有股份的比例相应减少出资额或者股份，法律另有规定、有限责任公司全体股东另有约定或者股份有限公司章程另有规定的除外。

第二百二十五条　公司依照本法第二百一十四条第二款的规定弥补亏损后，仍有亏损的，可以减少注册资本弥补亏损。减少注册资本弥补亏损的，公司不得向股东分配，也不得免除股东缴纳出资或者股款的义务。

依照前款规定减少注册资本的，不适用前条第二款的规定，但应当自股东会作出减少注册资本决议之日起三十日内在报纸上或者国家企业信用信息公示系统公告。

公司依照前两款的规定减少注册资本后，在法定公积金和任意公积金累计额达到公司注册资本百分之五十前，不得分配利润。

第二百二十六条　违反本法规定减少注册资本的，股东应当退还其收到的资金，减免股东出资的应当恢复原状；给公司造成损失的，股东及负有责任的董事、监事、高级管理人员应当承担赔偿责任。

第二百二十七条　有限责任公司增加注册资本时，股东在同等条件下有权优先按照实缴的出资比例认缴出资。但是，全体股东约定不按照出资比例优先认缴出资的除外。

股份有限公司为增加注册资本发行新股时，股东不享有优先认购权，公司章程另有规定或者股东会决议决定股东享有优先认购权的除外。

第二百二十八条 有限责任公司增加注册资本时，股东认缴新增资本的出资，依照本法设立有限责任公司缴纳出资的有关规定执行。

股份有限公司为增加注册资本发行新股时，股东认购新股，依照本法设立股份有限公司缴纳股款的有关规定执行。

第十二章 公司解散和清算

第二百二十九条 公司因下列原因解散：

（一）公司章程规定的营业期限届满或者公司章程规定的其他解散事由出现；

（二）股东会决议解散；

（三）因公司合并或者分立需要解散；

（四）依法被吊销营业执照、责令关闭或者被撤销；

（五）人民法院依照本法第二百三十一条的规定予以解散。

公司出现前款规定的解散事由，应当在十日内将解散事由通过国家企业信用信息公示系统予以公示。

第二百三十条 公司有前条第一款第一项、第二项情形，且尚未向股东分配财产的，可以通过修改公司章程或者经股东会决议而存续。

依照前款规定修改公司章程或者经股东会决议，有限责任公司须经持有三分之二以上表决权的股东通过，股份有限公司须经出席股东会会议的股东所持表决权的三分之二以上通过。

第二百三十一条 公司经营管理发生严重困难，继续存续会使股东利益受到重大损失，通过其他途径不能解决的，持有公司百分之十以上表决权的股东，可以请求人民法院解散公司。

第二百三十二条 公司因本法第二百二十九条第一款第一项、第二项、第四项、第五项规定而解散的，应当清算。董事为公司清算义务人，应当在解散事由出现之日起十五日内组成清算组进行清算。

清算组由董事组成，但是公司章程另有规定或者股东会决议另选他人的除外。

清算义务人未及时履行清算义务，给公司或者债权人造成损失的，应当承担赔偿责任。

第二百三十三条 公司依照前条第一款的规定应当清算，逾期不成立清算组进行清算或者成立清算组后不清算的，利害关系人可以申请人民法院指定有关人员组成清算组进行清算。人民法院应当受理该申请，并及时组织清算组进行清算。

公司因本法第二百二十九条第一款第四项的规定而解散的，作出吊销营业执照、责令关闭或者撤销决定的部门或者公司登记机关，可以申请人民法院指定有关人员组成清算组进行清算。

第二百三十四条 清算组在清算期间行使下列职权：

（一）清理公司财产，分别编制资产负债表和财产清单；

（二）通知、公告债权人；

（三）处理与清算有关的公司未了结的业务；

（四）清缴所欠税款以及清算过程中产生的税款；

（五）清理债权、债务；

（六）分配公司清偿债务后的剩余财产；

（七）代表公司参与民事诉讼活动。

第二百三十五条 清算组应当自成立之日起十日内通知债权人，并于六十日内在报纸上或者国家企业信用信息公示系统公告。债权人应当自接到通知之日起三十日内，未接到通知的自公告之日起四十五日内，向清算组申报其债权。

债权人申报债权，应当说明债权的有关事项，并提供证明材料。清算组应当对债权进行登记。

在申报债权期间，清算组不得对债权人进行清偿。

第二百三十六条 清算组在清理公司财产、编制资产负债表和财产清单后，应当制订清算方案，并报股东会或者人民法院确认。

公司财产在分别支付清算费用、职工的工资、社会保险费用和法定补偿金，缴纳所欠税款，清偿公司债务后的剩余财产，有限责任公司按照股东的出资比例分配，股份有限公司按照股东持有的股份比例分配。

清算期间，公司存续，但不得开展与清算无关的经营活动。公司财产在未依照前款规定清偿前，不得分配给股东。

第二百三十七条 清算组在清理公司财产、编制资产负债表和财产清单后，发现公司财产不足清偿债务的，应当依法向人民法院申请破产清算。

人民法院受理破产申请后，清算组应当将清算事务移交给人民法院指定的破产管理人。

第二百三十八条 清算组成员履行清算职责，负有忠实义务和勤勉义务。

清算组成员怠于履行清算职责，给公司造成损失的，应当承担赔偿责任；因故意或者重大过失给债权人造成损失的，应当承担赔偿责任。

第二百三十九条 公司清算结束后，清算组应当制作清算报告，报股东会或者人民法院确认，并报送公司登记机关，申请注销公司登记。

第二百四十条 公司在存续期间未产生债务，或者已清偿全部债务的，经全体股东承诺，可以按照规定通过简易程序注销公司登记。

通过简易程序注销公司登记，应当通过国家企业信用信息公示系统予以公告，公告期限不少于二十日。公告期限届满后，未有异议的，公司可以在二十日内向公司登记机关申请注销公司登记。

公司通过简易程序注销公司登记，股东对本条第一款规定的内容承诺不实的，应当对注销登记前的债务承担连带责任。

第二百四十一条 公司被吊销营业执照、责令关闭或者被撤销，满三年未向公司登记机关申请注销公司登记的，公司登记机关可以通过国家企业信用信息公示系统予以公告，公告期限不少于六十日。公告期限届满后，未有异议的，公司登记机关可以注销公司登记。

依照前款规定注销公司登记的，原公司股东、清算义务人的责任不受影响。

第二百四十二条 公司被依法宣告破产的，依照有关企业破产的法律实施破产清算。

第十三章 外国公司的分支机构

第二百四十三条 本法所称外国公司，是指依照外国法律在中华人民共和国境外设立的公司。

第二百四十四条 外国公司在中华人民共和国境内设立分支机构，应当向中国主管机关提出申请，并提交其公司章程、所属国的公司登记证书等有关文件，经批准后，向公司登记机关依法办理登记，领取营业执照。

外国公司分支机构的审批办法由国务院另行规定。

第二百四十五条 外国公司在中华人民共和国境内设立分支机构，应当在中华人民共和国境内指定负责该分支机构的代表人或者代理人，并向该分支机构拨付与其所从事的经营活动相适应的资金。

对外国公司分支机构的经营资金需要规定最低限额的，由国务院另行规定。

第二百四十六条 外国公司的分支机构应当在其名称中标明该

外国公司的国籍及责任形式。

外国公司的分支机构应当在本机构中置备该外国公司章程。

第二百四十七条 外国公司在中华人民共和国境内设立的分支机构不具有中国法人资格。

外国公司对其分支机构在中华人民共和国境内进行经营活动承担民事责任。

第二百四十八条 经批准设立的外国公司分支机构，在中华人民共和国境内从事业务活动，应当遵守中国的法律，不得损害中国的社会公共利益，其合法权益受中国法律保护。

第二百四十九条 外国公司撤销其在中华人民共和国境内的分支机构时，应当依法清偿债务，依照本法有关公司清算程序的规定进行清算。未清偿债务之前，不得将其分支机构的财产转移至中华人民共和国境外。

第十四章 法律责任

第二百五十条 违反本法规定，虚报注册资本、提交虚假材料或者采取其他欺诈手段隐瞒重要事实取得公司登记的，由公司登记机关责令改正，对虚报注册资本的公司，处以虚报注册资本金额百分之五以上百分之十五以下的罚款；对提交虚假材料或者采取其他欺诈手段隐瞒重要事实的公司，处以五万元以上二百万元以下的罚款；情节严重的，吊销营业执照；对直接负责的主管人员和其他直接责任人员处以三万元以上三十万元以下的罚款。

第二百五十一条 公司未依照本法第四十条规定公示有关信息或者不如实公示有关信息的，由公司登记机关责令改正，可以处以一万元以上五万元以下的罚款。情节严重的，处以五万元以上二十万元以下的罚款；对直接负责的主管人员和其他直接责任人员处以一万元以上十万元以下的罚款。

第二百五十二条 公司的发起人、股东虚假出资，未交付或者未按期交付作为出资的货币或者非货币财产的，由公司登记机关责令改正，可以处以五万元以上二十万元以下的罚款；情节严重的，处以虚假出资或者未出资金额百分之五以上百分之十五以下的罚款；对直接负责的主管人员和其他直接责任人员处以一万元以上十万元以下的罚款。

第二百五十三条 公司的发起人、股东在公司成立后，抽逃其出资的，由公司登记机关责令改正，处以所抽逃出资金额百分之五以上百分之十五以下的罚款；对直接负责的主管人员和其他直接责任人员处以三万元以上三十万元以下的罚款。

第二百五十四条 有下列行为之一的，由县级以上人民政府财政部门依照《中华人民共和国会计法》等法律、行政法规的规定处罚：

（一）在法定的会计账簿以外另立会计账簿；

（二）提供存在虚假记载或者隐瞒重要事实的财务会计报告。

第二百五十五条 公司在合并、分立、减少注册资本或者进行清算时，不依照本法规定通知或者公告债权人的，由公司登记机关责令改正，对公司处以一万元以上十万元以下的罚款。

第二百五十六条 公司在进行清算时，隐匿财产，对资产负债表或者财产清单作虚假记载，或者在未清偿债务前分配公司财产的，由公司登记机关责令改正，对公司处以隐匿财产或者未清偿债务前分配公司财产金额百分之五以上百分之十以下的罚款；对直接负责的主管人员和其他直接责任人员处以一万元以上十万元以下的罚款。

第二百五十七条 承担资产评估、验资或者验证的机构提供虚假材料或者提供有重大遗漏的报告的，由有关部门依照《中华人民共和国资产评估法》、《中华人民共和国注册会计师法》等法律、行政法规的规定处罚。

承担资产评估、验资或者验证的机构因其出具的评估结果、验资或者验证证明不实，给公司债权人造成损失的，除能够证明自己没有过错的外，在其评估或者证明不实的金额范围内承担赔偿责任。

第二百五十八条 公司登记机关违反法律、行政法规规定未履行职责或者履行职责不当的，对负有责任的领导人员和直接责任人员依法给予政务处分。

第二百五十九条 未依法登记为有限责任公司或者股份有限公司，而冒用有限责任公司或者股份有限公司名义的，或者未依法登记为有限责任公司或者股份有限公司的分公司，而冒用有限责任公司或者股份有限公司的分公司名义的，由公司登记机关责令改正或者予以取缔，可以并处十万元以下的罚款。

第二百六十条 公司成立后无正当理由超过六个月未开业的，或者开业后自行停业连续六个月以上的，公司登记机关可以吊销营业执照，但公司依法办理歇业的除外。

公司登记事项发生变更时，未依照本法规定办理有关变更登记的，由公司登记机关责令限期登记；逾期不登记的，处以一万元以上十万元以下的罚款。

第二百六十一条 外国公司违反本法规定，擅自在中华人民共和国境内设立分支机构的，由公司登记机关责令改正或者关闭，可以并处五万元以上二十万元以下的罚款。

第二百六十二条 利用公司名义从事危害国家安全、社会公共利益的严重违法行为的，吊销营业执照。

第二百六十三条 公司违反本法规定，应当承担民事赔偿责任和缴纳罚款、罚金的，其财产不足以支付时，先承担民事赔偿责任。

第二百六十四条 违反本法规定，构成犯罪的，依法追究刑事责任。

第十五章　附　　则

第二百六十五条 本法下列用语的含义：

（一）高级管理人员，是指公司的经理、副经理、财务负责人，上市公司董事会秘书和公司章程规定的其他人员。

（二）控股股东，是指其出资额占有限责任公司资本总额超过百分之五十或者其持有的股份占股份有限公司股本总额超过百分之五十的股东；出资额或者持有股份的比例虽然低于百分之五十，但依其出资额或者持有的股份所享有的表决权已足以对股东会的决议产生重大影响的股东。

（三）实际控制人，是指通过投资关系、协议或者其他安排，能够实际支配公司行为的人。

（四）关联关系，是指公司控股股东、实际控制人、董事、监事、高级管理人员与其直接或者间接控制的企业之间的关系，以及可能导致公司利益转移的其他关系。但是，国家控股的企业之间不仅因为同受国家控股而具有关联关系。

第二百六十六条 本法自 2024 年 7 月 1 日起施行。

本法施行前已登记设立的公司，出资期限超过本法规定的期限的，除法律、行政法规或者国务院另有规定外，应当逐步调整至本法规定的期限以内；对于出资期限、出资额明显异常的，公司登记机关可以依法要求其及时调整。具体实施办法由国务院规定。